Metáforas de color en un cuerpo silente

Rodríguez Figueroa, Orlando
Metáforas de color en un cuerpo silente - 1ª ed. - Ciudad Autónoma de Buenos Aires: Deauno.com, 2014.
178 p.; 21 x 15 cm.

ISBN 978-987-680-084-6

1. Poesía puertorriqueña. I. Título

CDD PR861

Queda rigurosamente prohibida, sin la autorización escrita de los titulares del copyright, bajo las sanciones establecidas por las leyes, la reproducción total o parcial de esta obra por cualquier medio o procedimiento, comprendidos la fotocopia y el tratamiento informático.

© 2014, Orlando Rodríguez Figueroa
© 2014, Deauno.com (de Elaleph.com S.R.L.)
© 2014, Imágenes de tapa, propiedad del autor

contacto@elaleph.com
http://www.elaleph.com

Para comunicarse con el autor: kid51pr@yahoo.com

Primera edición

ISBN 978-987-680-084-6

Hecho el depósito que marca la Ley 11.723

Impreso en el mes de mayo de 2014 en Bibliográfika, de Voros S.A.
Bucarelli 1160. Buenos Aires, Argentina.

Orlando Rodríguez Figueroa

Metáforas de color en un cuerpo silente

deauno.com

Dedicatoria

Dedico con humildad y amor este libro, al hermoso pueblo del sureste de mi patria, pueblo que me vio nacer: Maunabo; *también a mi madre: ser que me dio tantos momentos de alegría:* Carmen Figueroa Figueroa *y a mis estudiantes: por los momentos de creación y motivación en la vida. ¡Gracias!*

Mi segundo libro

En este mi segundo libro de poemas; derramo mis emociones para que tiñan de color las nuevas ideas de mi espíritu inmortal hasta el tuyo... no es una nueva vereda de emociones sin sentido; son canciones de mi alma para arrullar tus pensamientos en la diáspora violada por las ideas de los otros...

Muchas reflejadas en los espejos rotos que penetran nuestras pieles con destellos de los dioses que habitaban en nuestros sueños infantiles y se quedaron adheridos fuertemente a los caprichos de las ideas con el solo objetivo de descifrar los miedos que dominan a los mortales de la esclavizante sociedad...

De nuevo... con humildad y respeto a mi lengua, les dejo estas ciento seis metáforas que nacen del pensamiento de este cuerpo silente...

Orlando Rodríguez Figueroa

*"Nada es fácil; para llegar a la rosa
tienes que hincarte los dedos seis veces;
después se te hacen callos."*
DORIS LETTS
(Madre de Jaime Bayly)

*"Lo que queremos decir no está ante nosotros,
Fuera de toda palabra, como una pura significación.
Solo es el exceso de lo que vivimos
respecto de lo ya dicho."*
Signes
MERLEAU-PONTY

*"... la literatura tiene un valor insustituible;
es el arte que nos da la posibilidad de imaginar
y de no llegar a conclusiones."*
CARLOS FUENTES

*"La poesía cambia con el tiempo pero solo,
como el tiempo mismo, para volver al
punto de partida."*
OCTAVIO PAZ

*"Escribo por el solo placer de escribir,
para mí solo, sin ninguna finalidad de dinero o publicidad.
En mi pobre vida, tan vulgar y tranquila,
las frases son aventuras
y no recojo otras flores que las metáforas."*
GUSTAVE FLAUBERT

"... escribo por la necesidad de existir..."
ORLANDO RODRÍGUEZ FIGUEROA

Encuentro con ella...

Hoy me subí hasta el monte de mi pueblo costero
que limita los sueños...
Y respiré tan profundo los olores
de mis campos marcados con mi niñez,
En esta tierra de sueños donde vine a nacer:
Maunabo... mi eterno pueblo..
Azul y verde donde quiera que mires...
Maunabo: Edén del Caribe...

Y me acompañé con las voces de mil aves
en sus montes... míos...
Y me sumergí en el murmullo
de sus quebradas alegres, de tiempos pasados...
Y recorrí con la vista las nubes
tan blancas en mi azul cielo costero...
Y soñé de nuevo con mis recuerdos sin desvelos...
de amor a mi patria...

Y subí tan alto... y alcancé el cielo azul y helado...
y lloré de alegría... de saberte allí entre ellos...
sin rostro y sin piel... pero eras tú...
y saboreé tus suspiros...
y escuché tus palabras en el largo silencio...
... y eras tú porque no puedo confundirme
porque me llevaste adentro...

El sonido de la playa azul y tan cercana
me trajo tu sonrisa esta mañana...
Y el olor a café recién colado
me despertó la pereza de años vacíos...
Y eras tú... siempre tú en mi interior abatido
por la amargura del tiempo...
Contrapuesto con el saberte en mí
y sin abandonarme un momento...

El perfume de las flores me recordó tu jardín
tan celoso cuidado por ti...
Y tantos colores en las mariposas
me indicaron la razón para llegar hasta ti...
No es un sueño... es el encuentro... cercano...
propicio... presto a cumplir.
No demoro a ese encuentro
porque así seré feliz...

ESCUCHANDO MIL VIOLINES

"Tal vez leyenda fue, quizá solo fue ficción,
dos seres que al besar creyeron escuchar
mil violines de amor."
Mil violines
LIVINGSTON, EVANS, DEL LLANO

Enciendo el radio del auto y me disparo en la carretera...
escuchando una dulce canción con dueños...
Tal vez, leyenda fue, quizá solo fue ficción...
Voces lejanas se convierten de pronto en parte de mi ser...
y me transmiten entre murmullos de mil dioses melódicos...
El eco de tu voz... envuelta en arpegios de amor...
Dos seres que al besar, creyeron escuchar mil violines de amor...
Y allí están enroscadas como amorosas y risueñas fuentes...
Y se entrecruzan con mis cansadas ideas del desamor
[impotente...
Y hoy igual que ayer, su voz del alma al besar..
Tiempos marcados por ardientes pasiones sin regreso...
El eco de un violín, que suena como mil, le hará soñar...
Cálidos besos en una piel frágil y sencilla como risa de Venus...
Es la canción del corazón, es el latir de una ilusión...
Canción del corazón latiendo en un cielo azul y eterno.
Que inspiras tú, y albergo yo, que vive en mí, muere en ti...
Llanto largo y cansado como obrero de mil templos...
Mi bien, no digas no, tú y yo, ya no somos dos...
No hubo adiós... no hubo palabras de consuelo... solo dolor...
El eco de un violín, que suena como mil, nos unió...

Y a lo lejos tal vez el violín quejumbroso sonó ante los dioses...
para llevar nuestras voces cansadas y perdidas en el tiempo...
que se fueron hace tiempo en busca de ilusión...
Y vagan sin sentido en el espacio ancho y callado...
como caricias perdidas en el cielo helado y oscuro del adiós...
Mi bien, no digas no, tú y yo, ya no somos dos...
Entre nubes glotonas del más grande amor...
El eco de un violín, que suena como mil, nos unió...
Y el indolente y cruel destino sin piedad separó...
Y hoy habitan en templos distantes por la muerte ramera...
Aturdidos por la fuerza del sufrimiento amargo del dolor.

Maunabo: sonrisa de Dios

En el génesis de los ardientes tiempos
Al buen Dios se le escapó una sonrisa.
Y columpió entre sus brazos un pueblito de amor.
Engalanado con verdes colinas inocentes
Y un amplio e inquieto mar azul
Cincelado amorosamente de colores brillantes
Matizados por el sol dorado y eterno.
¡Hermoso pueblo mío, Maunabo: sonrisa de Dios!
Maravilloso manto azul que te cobija mis sueños.
¡Maunabo: sonrisa de Dios!
Donde en los campos aún se respira el perfume de Dios.
¡Maunabo, pueblo mío: sonrisa de Dios!
Cuna de hombres y mujeres grandes...
Cabilderos de esperanzas ante el altísimo Dios
Para que reine siempre en este suelo semilla de felicidad .
Tienes en tus niños sonrisas de amor...
Cantos de esperanzas lanzados al viento...
Voces todas tan potentes que claman con valor.
Ramilletes de ensueños en tu azul cielo de libertad.
Y todos aún transmiten inigualable bondad.
¡Oh pueblo mío Maunabo: sonrisa de Dios!
Sigue cubriendo mi alma con tu destello de amor.
Brillante siempre potente con gran esplendor.
¡Oh pueblo mío Maunabo: sonrisa de Dios!

Misterio azul de mis sueños

Te conviertes en el misterio azul de mis sueños
para aplacar el ardor que me quema por dentro.
Tus ojos color de miel endulzan mis entrañas
y se convierten en infinitos anhelos de amar.

Para erizar cada poro de mi piel otoñal
con los pliegues eróticos de un nuevo soñar.
Me desplazo sigiloso como guerrero en batalla
asechando tus montes convertidos en torres.

Y profano tu santuario de placer y pecado
adentrando profundo mi cuerpo en tu cuerpo.
Y nos vamos sintiendo como reyes lejanos
suspirando nuestros alientos convertidos en risas.

Adentrando más y más compartiendo caricias
que nos llevan al puerto de un hondo deseo.
Y me entregas tu tesoro y te entrego mi cielo
convertidos en aves que levantan el vuelo.

Cuando termina el encuentro cerramos los ojos
sintiendo tan adentro nuestro azul deseo.
Nos vestimos sin prisa esperando otro encuentro
y sonreímos como tontos por este azul sueño.

Nada es lo que parece

> *"The twilight turns from amethyst*
> *To deep and deeper blue,*
> *The lamp fills with a pale green glow*
> *The trees of the avenue. "*
> The twilight turns
> JAMES JOYCE

La calle silenciosa en esta noche sin luna
se convierte en cómplice de nuestra locura
de amor...
Solo el brillo de tus ojos amatistas
me alumbran el sendero para refugiarme en ti...
El roce de tu azulada mano me guía
hasta tus zonas inexploradas
por caricias humanas...
Y el gemido acalorado de tu voz
en la alba almohada
se impacienta ante mi presencia...

Con un candoroso movimiento
de nuestros infieles cuerpos
nos perdemos en la nada...
Tú evocando a Adonis
y yo evocando a la casta Venus
aún no tocada por los dioses...
Y la fragilidad del tiempo
en ritual postura del placer
se vuelve eterna...

Yo preocupado por tu insistente fijación
en la impaciencia de Cronos que nos delata...

Un cerrar de ojos y la oscuridad total
en nuestros cuerpos infieles del placer
de los mortales...
Un apretón de cuerpos al sentir que el clímax
se consumía en tan grato momento...
Y de nuevo a la rutina de vagar
por las calles silenciosas sin luna en el cielo...
Y ya de nuevo al encierro de mi soledad en mi cuarto...

Tú le dirás a tu Adonis que ha sido el viento
que te ha estrujado el cabello...
Yo le diré a mis paredes azules
que el silencio absoluto alborotó mis adentros...
Que estrujé con mis manos ardorosas mi sexo
Para saciar el deseo que me quema por dentro.

CABALGATA DE LOS IMPENSABLES

Un murmullo lejano y desdentado
flota en el aire de la esfera azul...
Un gemido callado y triste
se entremezcla con las penas mortales...
Era ella que silenciosa columpiaba
su esbelta figura entre los dioses...
Era ella y nos miraba fijamente
 provocando celos en el trono...

Convertidos en atalayas de castillos medievales
nuestros cuerpos brillaban...
Alentaban mil razones a nuevas semillas plantadas
en el árido terreno...
Y como hiedras ardorosas nos alzamos
por las paredes sin fronteras...
Nuevas razas se amalgamaban
a nuestra sagaz empresa celestial.

Brillos de carruajes dorados
se anunciaban en la escena de los astros...
Destellos de risas y de cómplices voces
se sentían en la habitación...
Copas al aire brindando por el triunfo
de nuevos dioses nacidos en gloria.
Y emancipamos ideas creadoras
para una nueva raza que se levanta.

El trueno del dios mayor demandó silencio
entre los asistentes al homenaje...
El trueno como voz mandatoria
ocupó los mil cielos azules de los mil mundos...
Y nombró a los nuevos dioses
como portavoces de los inmortales
Y reinó un nuevo imperio de valientes guerreros
que luchan sin armas...
Y mencionó nuestros nombres...
Y ella bajó la cabeza
y se fue en busca de los otros...

ANDAMIO DE ACALORADOS PENSAMIENTOS

Por la callada vereda azul del transitar
diario de mis pensamientos,
me fui adentrando entre los vientos tormentosos
de las ideas ciegas...
acorralé entre mis brazos con pudor
y alegría inocente un racimo de ellas...
vacías, huecas como aforismos de analfabetas
de mil patrias sin banderas.

Triste forma de una caverna sin explorar
 por los dioses de otros mundos...
Triste forma de un precipicio
entre los bosques azulados en lejanía...
Ciegos tentáculos de mil esporas
de la maldad humana adherida a ti...
Débiles carcajadas de héroes sin glorias
en celestes batallas sin estrellas.

Y las burbujas de mariposas aterciopeladas
se columpiaban en el aire...
Y entregaban licores balsámicos
cargados de mieles del oriente lejano...
Y libaban carroñeras como buitres
en festín del alto desierto...
Y sorbían lentamente el dolor
de nuestras almas...

Eran blancas como capullos de la nada
en la fría soledad del tiempo...
Y rumiaban como ebrios
los amargos despertares de los pueblos caídos...
Eran muchas como tropas de jinete agoreros
de calamidades...
Y les llamamos reporteros
que cumplen su labor sin ser interrumpidos.

Y eran tontos... muchos tontos...
miles de tontos... tantos tontos...
Y revolvían los colchones de la impiedad humana
en busca de noticias...
Laboriosos... dicen ellos...
incorruptibles en miserias propias...

Destructores de verdades ajenas...
buitres carroñeros de dolores...
Persisten en las mentes
de mil idólatras analfabetas de medallas...
Saborean la amargura de los otros...
carentes de espejos y retoños...
Eso creen... mas el singular tiempo
que todo lo reciproca ya vendrá...
Y sentirán en carne propia
lo que a otros han quitado...
Y lo perderán todo...
porque cuando con mentiras suples el ego...
Con verdades ante ti
se derrumbará tu castillo en silencio...
Y se convertirán en orugas
que no alcanzarán jamás el vuelo...
Por el daño causado
a los dioses del pensamiento.

Canción silente

Los nuevos dioses abrieron una puerta
para mí...
Y sin dudar entré arriesgando
mi destino estéril...
Ya nada se perdía,
pensé en el camino lento...
Ya nada se perdía agregué
en mis lúdicos pensamientos.

Abrigué con fuerzas el corazón
destrozado por el tiempo...
Refugié entre mis cansados brazos
amores lejanos...
Guardé entre mis labios
la canción silente de tus sueños...
Y fui uno más
entre los dioses forjadores de anhelos.

Convertí en larga vereda
mis triunfos de antaño...
Revisé detectivescamente mis fracasos
—si alguno...
Y cobijé con mi azul piel
los proyectos nuevos...
Esos los guardaré celosamente
ante los nuevos retos.

Cabildeé con los nuevos dioses
mis mejores proyectos...
Impartí en el nuevo trono
la justicia de mil pueblos...
Para aplacar los dolores
de mis lejanos amores...
Presidí valientemente
la encomienda
de los nuevos dioses.

Todo iba bien hasta que a lo lejos
escuché un silbido...
La canción silente
me dije prestamente y sin lugar a dudas...
La que evocaba tus sueños,
la que imprimía con besos...
La que me recordaba a ti
cuando estaba tan lejos.

Y les pedí a los nuevos dioses
que abrieran de nuevo...
La puerta que muestra
el nuevo sendero...
Y vieron mi llanto...
y sin gesto lo hicieron...
Me columpié en el silbido
para hallarte de nuevo.

Y llegué a la misma tierra vacía
del estéril huerto...
Con calles sin nombres...
con edificios sin techos...

Tan inseguras como siempre
engañando mil pueblos...
Desde tiempos lejanos
alcanzando el nuestro.

Y miré las mil caras
de los tontos cantores...
Y tomé tu mano firme...
y nos fuimos al cielo...
Para ver si los dioses
nos reciben de nuevo...
Porque la canción silente
la dejé entre ellos.

Una semilla sin germinar en mi huerto

Tú... con la tristeza marcada
en tu rostro inocente;
te yergues poco a poco
en la madrugada sin abrigo...
Y yo rodeo tu cintura
con mis brazos ardientes del deseo,
en esta mañana gris
que se muestra impaciente.

Lentamente abres los ojos
y derramas tu primera lágrima...
Y te vas a tu rincón preferido
a libar dolores como siempre...
Me mantengo firme
como faro en la tormenta esperando...
Me miras y callas...
te miro y vibro por dentro...

Abres tus brazos al sol gris
de esta mañana y suspiras...
Un brillo azul emana de tu vientre
en busca de cálido consuelo.
Nada, no hay tierra fértil
en el cóncavo cuerpo... yermo...
De nuevo recibes el rayo gris
del sol en tu arrugada piel...

Palpas inconsciente
tus flácidos músculos y añoras...
En lejanas playas hay mil puertos
que respiran profundo...
En los altos montes hay olores
que suspiran inspiradores...
Y en tu triste, callado
y reseco vientre: nada.

Triste recuerdo de los años pasados
en el tren de la vida...
Bastos anhelos de marcados tiempos
de fríos recuerdos...
Voces vacías en habitaciones ocupadas
por helados cuerpos...
Alfombras murmurantes
y alocadas de agrestes deseos...

Y la semilla perdida
en un vacío y yermo cuerpo...
Se desboca como luz sin ilusión
en el alto cerro...
Se pierde como el agua clara
depositada en el mar...
Vuela en el espacio infinito
buscando otro cuerpo...
 y cae al vacío... tibia y húmeda...
pero calmando un anhelo...
perdida en las ánforas de ninfas vírgenes...
recorriendo senderos de sádicos yertos...
Allá van como cohetes de ciegos espectros...
como saetas de héroes siniestros en la espuma.
Perdidas en el aire... como garzas en vuelo.

ATADO A UNA PIEL GIMIENTE

Te dibujé como piensan los niños...
única...
Cargué en mis recuerdos
las letras de mil poemas...
Estrujé entre mis manos
las mil notas que planeé
en mis sueños;
para que llegara hasta ti
este cálido beso.

Mil besos atados a una piel gimiente
por la espera...
De alcanzar tantos sueños
hoy perdidos en la diáspora...
Nuestra tierra... ya no está...
vaga en riesgos...
Y yo convertido en autómata
de ensueños me desvelo.

Viajé hacia otros cielos
cargados de anhelos...
Tierras extrañas de calles amplias
y blancos suelos.
Donde el orden estructural
causaba desvelos...
Y me perdí en nuevos coros
de nuevas voces extrañas.

Desnudé mi alma
ante los nuevos héroes...
Para que nuevamente
me alentaran con palabras...
Y fui mordiendo mis palabras
que ardían en mí...
Para que navegaran
las nuevas ideas en sus cerebros.

Y fui besando nuevas pieles,
a veces frías...
Otras veces ardientes
como mi trópico interno...
Y reviví los amores
de los dioses verdaderos...

Y fui yo y fui eterno;
como dios del silencio.

Construiste
en mi nuevo cielo azul y lejano
la nueva esperanza
de los imposibles...
y reinó la felicidad
de los astros nuevos...
los que siempre brillan
candorosos en el alto cielo.

Y me cobijé en tu piel gimiente
para sentir el calor...
Y fuimos uno como siempre
en singular fusión.
Dos astros fulgurantes
hambrientos de honor...

I FAILED

> *"A stranger came to the door at eve,*
> *And he spoke the bridegroom fair."*
> Love and a Question
> ROBERT FROST

When I took in my soul this sad decision...
I thought it was the right...
You seem like a brave, a goodness saver...
That would save my sadness life.

Sooner I made blue castles in the highest sky...
I made windows with the impatiens clouds...
Your easy love was the reason...
The reason of my fail.

You bring me only falsehood...
Acting like a joker...
I was the foolish of the story...
The stupid of the show.

I know that I had failed...
But my blue heart is here again...
If you want to hurt it
I challenge you to fight.

Maybe now I will be the winner
And I will show the new way
That I can fight...
To obtain that really I want... just try.

Frost said: "Let us look at the sky,
And question what of the night to be,
Stranger, you and I."
—I said: I just failed!

Ahogado en tu mirada

Sí, me ahogo y me falta el aire esta noche azul...
Donde la luna se muestra indómita en su alto trono...
Y todos me han dicho que te has ido...
Pero mi alma te siente y te vive en todos...
Porque aún está vibrante nuestro nido perdido.

Por las rústicas calles violadas vago hoy sin rumbo;
Buscando un aliento a mi dolor seco y profundo...'
Y solo hallo golpes que me abaten con mentiras
De una falsa sociedad que aún cree en los dioses
Los mismos que me dejaron sin tu mirada.

Sí, me ahogo porque faltas tú como enigma del castillo.
La misma que recortaba con la sonrisa
las lágrimas de mis ojos.
La que cada mañana me vestía con ricas galas de palacio.
Hoy me ahogo en esta noche azul sin consuelo...
Esperando encontrar en el alto cielo tu azul aliento.

Dos mares oscurecidos por cerrar tus grandes puertas...
Dos cielos inalcanzables cerrados en oscuridad...
Perdido sin luz en mi camino desde tu partida...
Añorando el calor de tu tibia cueva maternal
Donde mi cuerpo comencé a formar...

Perdido en un mundo de avalanchas mezquinas...
Perpetuadas de mentiras y abrigadas de dolor...
En mis diez lustros dibujados con estrellas
Se va perdiendo la ilusión y el deseo de vivir
Si no fuera por tu recuerdo ya castigaría mi cuerpo.

Doncella perpetua serás en mi pensamiento...
Tú como estandarte de mis triunfos en la esfera...
Y yo añorando en mi azul espera...
Refugiarme en tus bazos cálidos y en tu mirada eterna
Para que me ahogara en ella y alcanzarte a ti.

Dog day afternoon

> *"Perdidamente nos enamoramos de esta luz,*
> *que brilla alguna vez en la tierra,*
> *sin saber lo que pasa en la otra vida,*
> *ni conocer nada de lo que sucede*
> *debajo de nosotros".*
>
> Fedra
> Eurípides

Como tarde de perros mi alma abatida rebulle...
Se transforma en burbuja de enigmáticos deseos...
Y lentamente invade los espacios de los mortales...
Para sofocar los sueños de los dioses farsantes.
Inútiles como caricias de eunucos en sus pechos...
Carentes de esfuerzos inapetentes de vivir.

Tarde de perros como vil aliento del ave agorera...
La que anuncia el cambio certero y eterno de la ida...
La que teje entre las cabezas vacías ideas incoloras..
Raquítica como Rocinante en La Mancha... sola...
Triste como la engañada Fedra en la pasión sin respuesta.
Resollando entre los dolores mil penas mortales.

Y fui mordisqueando mis pensamientos sutilmente
para encontrar las esencias de la mortalidad humana,
y solo hallé miserias en las flácidas imágenes del viento.
Y me entregué a la incomprensible tarea de amar...
Y fui como perro domado con tus caricias frías...
Y sentí olores lejanos de penas ardientes sin piel.
Destruí mis sueños con voces nuevas de otros cuerpos...

Tarde de perros que cava inútilmente en la tierra
como Fedra perdida por sus pasiones...
triste y silenciosa en su interior alocado...
vaga y errante como alma en penas...
Tarde de perros como flor sin esencia,
como río sin rumbo en una isla amazónica...
como perfume de virgen en la alta esfera.

Playland

> *"Some say the world will end in fire,*
> *Some say in ice. From what I've tasted of desire*
> *I hold with those who favor fire.*
> *But if I had to perish twice,*
> *I think I know enough of hate*
> *To say that for destruction ice*
> *Is also great, And would suffice."*
>
> Fire and ice
> Robert Frost

Mañana fría como aliento de muerto en miserias...
Cobijas de helados pensamientos que viajan sin rumbo...
Encuentro de pasiones sin registros en el alma...
Ataduras de emociones sin sentidos nombrados...

Mi cuerpo como juguete en el rincón del olvido...
arrojado sin penas por el cansancio del juego...
Mi cuerpo vacío como camándula de campo...
traspasado por la aguja del vil anhelo...

Mi mente ardiendo como fuego del hades eterno...
Irracional como juego de estrellas en el alto cielo...
Palabras con luz del lejano pensador de los tiempos...
Trabajando como hormiga para crear el proyecto...

Y de pronto el mundo se detiene sin miedos
para acabar contra la ignominia de los reyes tuertos...
son muchos que acorralan pensamientos...
engañando a los tontos que les siguen los juegos...

Triste pueblo incauto en sus procesos...
Triste pueblo manejado por ineptos...
Despelote de ideas en un novato indeleble...
Pobre y triste pueblo en busca de un puerto...

Como fuego y hielo se remontan al cielo...
igual que ráfagas de dolores internos...
tan internos que ni se perciben en el cuerpo...
con irracionales expresiones del alma muerta...

Mensaje directo

... no es mío, no lo dije yo... ¡Bastardo! ¡Irracional!
Así comenzamos este día... triste pueblo... triste...
Tomaron mi contraseña... alguien de mi oficina...
Voces internas de secuencias pueriles del nuevo mandato...

Y todo muy bien gracias aquí nada pasa según univisión...
pensamos positivo en estos nuevos tiempos nada pasa...
Y el pueblo triste... triste e igual como siempre...
renovado según el nuevo día y los dueños de las noticias...

Y como siempre a rumiar quimeras sin sentido...
total y absolutamente acostumbrados por siglos...
¡Cuánta ignorancia entre los dioses marcados!
¡Cuánta rebeldía de los hombres sin voces!

Y los medios nos dicen nada pasa todo está bien...
ahora lo que necesitamos es unirnos antes no...
ahora es el tiempo de extender nuestras manos antes no...
Tontos... Tontos... Irracionales... Ineptos... Tristeza...

Ya no se lleva las estadísticas del crimen... todo está bien...
Un nuevo amanecer... todo está bien... IRRACIONAL...
Aquí nada pasa... no me dejen solo... pido unidad...
¿En serio? Ahora ven la luz en la habitación iluminada...

PERFUMES DEL NUEVO DÍA

Cuánta soberbia y odio se percibe en algunas voces...
Las mismas que te columpian con elogios mañaneros...
Voces insinceras que se adhieren como hiedras a tu ser...
... y debilitan tus bases... raíces amargas sin fortalezas...
Voces riesgosas y dilatadamente destructoras de bondades.

Ese es el contorno de mis nuevos amaneceres... tristes...
Ubicados en provincias de luchas distantes y perpetuas...
Como rameras de ilusiones pasajeras de adolescentes castos...
Así revoletean sobre el azul cielo de mi patria... engañada...
Cautivos cobardes de verdaderas razones de la piedad.
Una familia fraguada de riquezas impensables y tan pobres...

Convirtiendo el aire de esporas cargadas de mentiras...
Destrozando nuevas ideas por caprichos y ambiciones...
Triste gente si así se les puede llamar... escorias del mal.
Ustedes saben quiénes son... se los leo en las mentes... atadas.
Burlados como corsarios de un imperio etéreo y sin sentido.

Nuevo día sin perfumes de verdad... eso se ve en la
[primera hora.
Fútiles pensamientos de un nuevo amanecer triste en la
[diáspora.
Vagos mensajes de heraldos enemigos de la verdad...
Tristes...tristes cabildos de mentiras y engaños... falsos...
Falsos de toda falsedad acomodaticia a sus intereses...

Puertas cerradas

Corola de flor engañada con abejas de metal enmohecido.
Abeja reina sin alas ni mieles doradas en tu vientre estéril...
Como rival de las ideas sin nubes en un cielo azul y callado...
Sin quilates en el alma sublime acorazada entre espumas...

Así de opaca y vacía se ve tu vida desde el adiós...
Mancillada de pensamientos silenciosos y frívolos...
Enajenados por la ruptura de voces rojas e hipócritas...
Cansadas de sentimientos sin dueños... como bárbaros.

Perdida como saeta en el desierto de las ilusiones...
Sin redimir los corazones de los mil dioses estelares...
Como puertas cerradas en un silencioso cementerio...
Tan callada como las voces mudas de los duendes
[sin fantasía.

Puertas cerradas a la fragilidad de los amores de Afrodita...
Ubicadas en el muro de la nada de tu vida nómada
[sin patria...
Puertas cerradas a las voces de los gigantes del Olimpo...
Los que contralan las vidas de los mortales como tú...

Robótica imagen de cromáticos dolores internos...
Hilando entre las manos agrietadas y secas del tiempo...
Así te ves... así te siento... con la felicidad olvidada...
Y ya es tarde para emancipar los sentimientos...

Puertas cerradas en el campo de guerra del nuevo día…
Puertas cerradas como bocas de mil claustros en la montaña…
Impenetrables al ronco viento y al sonido azul de mi voz…
Por tu terquedad solitaria en la ida sin decirnos adiós…

Rumiando melancolías

Hoy daría lo que fuera por verte otra vez en mi espacio...
Desnuda y complaciente como virgen en nuevo templo...
Frágil y fragante entre los nardos recién florecidos del jardín...
Elevando caricias azules al aire de una isla lejana y perezosa.

Hoy daría lo que fuera por recorrer tus cálidos y albos senos...
Donde libé tantas veces néctares amorosos de dulce miel...
Donde sentía un corazón enamorado que me adoraba sin reparos...
... y que por mi orgullo tonto lo perdí...

Hoy daría lo que fuera por enredarme entre tus dorados rizos...
Y recorrer palmo a palmo tu delicada y suave piel de diosa...
Donde los dioses celosos al ver nuestra entrega cerraban sus bocas...
En ardientes suspiros azules de almas ásperas e insidiosas...

Hoy daría lo que fuera por entregarme todo al calor de tu cuerpo...
Y así en un éxtasis de pasión acelerada calmar estas ansias...
Donde mi barco erguido desea anclar en tu puerto...
Y allí sin premura saborear tus suspiros de blanca sirena...

Hoy daría lo que fuera por encender tu volcán con aliento
[de mi boca.
Y al divino monte de tu cintura entregarme a saborearte
[toda...
Como zumbador en flor y extraerte toda tu dulce miel
[interna...
Y verte ruborizar por mis anhelos de hombre inmortal...

Y sentir cómo contraes cada poro azul de tu suave piel...
Y hundirme en ti lentamente para alcanzar juntos el puerto...
Que nos dejará exhaustos de maravillas azules como el cielo...
Y hoy daría lo que fuera de que sea cierto... te amo...

Gárgolas en el templo

Voy saboreando en mi boca alientos de triunfos fatuos...
No eran los que esperaba pero ahí están como cobardes...
Y van ocultando la luz de tus palabras que brillaban
[con fuerza...
Y las espanto con mi mirada adusta y severa en el espacio azul.

Desesperadamente van haciendo daño a mis azules paredes...
Espías indeseables de las calurosas noches de verano en
[mi ser...
Y van ocupando cada resquicio de mi esfera febril de anhelos...
Y las ahuyento con los gritos de mi azul y eterno silencio.

Convoco a los mil dioses para aliarlos a mi lucha cotidiana...
La lucha para ganarle a un tiempo mezquino que me abruma...
Tiempo adherido a las paredes como gárgolas míticas...
Gárgolas traídas por dioses siniestros de otros tiempos...

Convertidas en pétreas figuras que nos espían a diario...
Y no saben ellas que yo sé de sus secretos...viven...
Respiran en su interior y nos muestran solo inercia...
Pero viven convertidas en testigos mudos de mil historias.

Fueron creadas falsamente para el desagüe en los templos...
Y adoptaron tales funciones hasta que les conocí los secretos...
Sé que son almas en pena de los dioses caídos...
Dioses lejanos y tan distantes sin universos conocidos..

Y van respirando en el aire de los tiempos voces calladas...
De los tristes mortales observados desde los altos templos...
Y son diligentes en su eterna labor mitológica...
Vigilando sin tregua las acciones infinitas de los seres silentes.

Como ágiles gargantas de los llantos de los dioses...
Van gorgoteando entre sus entrañas los dolores inmortales...
Y yo saboreo los nuevos triunfos por haberlas descubierto...
Y las ahogaré con mis palabras nuevas creadas con acierto.

Mi mirada en tu mirar

No te espío como lo hacen los dioses celestes...
Te vigilo con ardoroso sentimiento de hombre mortal...
Para que transites libremente por la vereda segura...
Para que te encuentres conmigo en algún lugar.

No te espío... te vigilo como galante águila
de los montes...Para que camines
por la dorada arena de mi ardiente playa...
Y hundas suavemente tus frágiles piececitos
de nácar pulido, entre los musicales pasos
que te brinda mi playa.

Y allí entre las altas palmeras como atalayas de mi ruta...
Ver cómo desnudas tu alma en la canción de las olas...
Y suspiras como niña inocente a un encuentro nuevo...
Y yo callado te observo sin reparos de pies a cabeza.

Y por fin nuestras miradas se encuentran desafiantes...
Por el cercano pensamiento cruzado de ardiente pasión...
Y la playa se silencia con nuestras miradas ansiosas...
Encuentro de hormonas enclaustradas por los tiempos...

Y te voy penetrando lentamente en las pupilas...
Y veo mil mares revueltos de sensaciones dulces...
Sé lo que buscas en ese camino azul sin final...
Y me entrego poco a poco a la luz de tus ojos...

Tan azules confundidos entre cielo, mar y tú...
Mi mirada en tu mirar es sendero de pasión adolescente...
Vuelvo a vibrar como Adonis ardoroso en tu ser...
Vuelvo a vivir emociones perdidas por el cruel tiempo.

Viviendo en el otro

En este derrumbe sin sentido de mis ideas,
perdido en el valle azul de mil esperanzas...
donde la felicidad de los dioses se levantan,
te encontré un día gris cargado de angustias...

Comprendí que... una hecatombe rondaba el espacio...
y cobijé mis pensamientos con el gélido aire lejano,
tratando de combatir las penas hirientes del dolor
que llenas de sarcasmos rondaban el ambiente...

Adelanté un pronóstico de vidas imposibles...
y descubrí la seriedad irónica de la vida...
donde la minoría colectiva del elemento humano...
comenzaba a germinar como impresión invisible...

Portador de la razón resonante en el juego...
me preguntaba si la nueva imagen era cierta...
y descubrí que la presencia sin méritos...
habita en cada cuerpo desahuciado...

Como inmigrante en la diáspora del invierno...
se columpió el pensamiento desgraciado...
enredando en tu piel tiernamente el dolor ajeno...
que también era el mío como asiduo sentir...

Sin pretextos descubrimos que el espejo roto...
de los espacios vacíos se alcanza en el dolor,
se confunde en las quimeras de espinas...
donde el tiempo inexplorable se comparte entre dos...

Puedo explicártelo todo...

No sé la razón de tu desconsuelo perdido en la nada...
Te atormentas por recuerdos sin dueños de voces apagadas...
Donde mil dolores dibujados en el tiempo...
Te acompañan como garzas infantiles en el nuevo terreno.
Como mosca adherida a la pared sin ornamentos...
Fuiste uniendo simetrías de sonidos en mudas voces...
Para que acompañen tu soledad en el tumulto de los muertos.

Puedo explicarlo todo con mis certeros versos...
...los que te hacen pensar; no los que te explican todo...
...los que te hacen viajar a través de los tiempos...
ocupando los espacios dejados por el desacierto...
de la cotidianidad de los pensamientos en el suelo yerto...
y que te sirven de guía en el camino de espinas...
transitado sin esfuerzos... descalzos los pies en árido suelo...

Puedo explicarlo todo con mis certeros versos...
...los que como saetas del tiempo viajan mil cielos...
para alcanzar mil memorias de lejanos conceptos...
penetrantes como perfumes de flores del desierto...
que se centran en la esencia sin pensar en el modelo...
que muestran la vida que tan apremiante respiras...
como el aire más puro de los más altos cielos.

Puedo explicarlo todo con mis certeros versos...
...los que te hacen vibrar con hondo recelo...
cuando saboreas las palabras que definen su efecto...

...los que te llevan en naves de los dioses del cielo...
gentiles como agentes de tristes consuelos...
Cargados de colores como el gran universo...
Como los paisajes de mi costero pueblo...
Como la sonrisa de mi madre en su abrigo tierno...

De nuevo pienso en ti

Meditando sobre olores lejanos y eternos.
Llegan a mi mente los recuerdos gratos
de tu sensible y ardiente compañía,
tibieza de piel, suavidad en las sábanas,
cuerpos desnudos... pieles ansiosas...
todo un cúmulo de sensaciones gratas...
sensaciones llenas de colores y olores eternos...

Me atas fuertemente a las garras de tu amor...
y desmayo como Adonis adormecido por la ninfa ...
Quedo atrapado como manso cordero
en un rebaño ilusorio de pensamientos impostores.
Pierdo la esencia de los rituales eternos
y me vuelvo frágil como Apolo dormido.
Perdido en tus brazos de fiera imponente
y transgresora como astuta Electra...

¿Por qué provocas estas emociones en mí?
¡Si ya había superado los tormentos en el puerto
como Penélope en invierno de tristes sueños!
Ya había arrojado mis abrigos a los lobos
para escapar de los bosques de ensueños...
Me había refugiado en el convento de los vientos
para acallar mis emociones humanas...

Y ese perfume de piel casta y luz virginal
me tocó dulcemente en el primer sorbido
del néctar mañanero cuando ardo en deseos...
y fuiste levantando todos los poros de mi ser
para ocupar muy adentro de mi arrugada piel
las mieles frías y lejanas de mi juventud...
y de nuevo te deseo en mis invernales sueños...

Interrogantes

Nuestras miradas ansiosas crearon una isla verde.
verde como la larga esperanza de un beso de mar...
lejano, eterno, lleno de brumas azules e insensibles...
y comenzaron a soñar como el sueño dulce de un niño...

Y lánguidamente se fueron trastocando coincidencias
en el tímido pecho de los dormidos dioses...
y vestimos con furia las nuevas pasiones...
rasgando con nuestras garras banales vestiduras...

Y entonces... interrogo con ansias mi interior dormido...
para buscar respuesta a mi dolor de héroe perdido...
colgando mi corazón en tus frías manos...
y el sueño sin razón de los seres humanos...

Y el eco de mi dolor se remonta entre sus cabezas...
como ardores del alma en una atribulada noche de engaños...
y me disuelvo en la niebla como guerrero sin armas...
y en un ejército de secretos lanzados sin destrezas...

No sé por qué desperté con las manos vacías...
y las promesas desnudas convertidas en delirios del alma...
se esfumaron en el cielo azul como el humo de la hoguera...
destruida a fuerza de golpes del alma abatida de engaños.

No sé por qué los detalles se hicieron espinas filosas...
convertidas en fanáticas cómplices de la maldad...
y me herían la piel sin piedad y sin compasión...
y lentamente mi adorado cielo azul se volvía gris...

... te voy perdiendo como la tarde pierde la luz...
... te voy perdiendo como luna en menguante...
... te voy perdiendo como día sin sol radiante...
Y me pregunto de nuevo si veré la luz...

Un juego en el espacio de los tiempos

Hoy me convertiré en tu Clarín como gracioso antihéroe
para parodiar tus desvelos y romper tus frívolos pensamientos...
Y así en una muerte donde se confunde la dimensión trágica,
condensaré los castigos de los avatares de tu existencia...
Tomaré las posturas de Segismundo, Edipo, Faetón
                                        [o Prometeo...
para luchar por los derechos que nos niegan los dioses...
Y aunque mi cuerpo encadenado intente torcer mi destino,
encararé con valor las cuatro virtudes de los mortales:
prudencia, justicia, fortaleza y templanza...
Para restablecer el orden de los espacios sin tiempos...
Dominando mis impulsos para conquistar tus anhelos...

Un juego entre personajes complejos oscilando en mi ser...
Cotidianas fugas de dilemas internos vagando sin penas...
Carrera vital de los seres coloridos de mortales ideas...
Conflictos internos de la incertidumbre entre reparos,
de existencia y trascendencia en los vaivenes del destino.

Y al igual que Segismundo me preguntaré sin consuelo,
para descubrir tal vez que la vida sí es un sueño...
Y mis pasiones encadenadas de gritar lo que siento,
las gritaré en silencio como versos de ensueños...
Y romperé mi destino... como Edipo, Faetón, Prometeo...
o al menos en el juego en el espacio de los tiempos:
como dios inmortal soñando en mi huerto de sueños...
cantaré por los cielos, o por los menos: haré el intento...

Mujer: valquiria eterna de mi patria...

En tu edificio adusto
de quinientas cuarenta puertas
donde acoges a los héroes caídos
y los confortas en tus diestros bazos...
te ruego mujer, que mires al mundo
que se nos escapa de las manos...
solo tú con tu paciencia y amor
consuelas los dolores de los tristes hombres...

Mujer: valquiria de mi eterna patria
que habitas en el aire...
reconstruye con tu voz y aliento
los entuertos de los dioses lejanos...
que se marcharon por la ruta
del río Aqueronte en trágica huida...
y sostén como Atlas femenina,
pero no como castigo, sino como abrigo,
la esfera azul de mi mágico mundo...
para dar a todos su eterno alivio...

Mujer: valquiria de bermejas luces
en el alto cielo de mis noches tropicales...
reconstruye los espacios destrozados
por odios entre minúsculos seres
de sin igual linaje y que hambrientos
de poder crearon el caos...

siendo Helena el infame motivo
de una lucha ancestral y devoraron ideas
que ni argonautas marcados
lograron recrear...
sé tú estandarte del nuevo ideal.

¿Tiempo?

Logré detener mi marcha
en la lucha contra el viejo Cronos,
en búsqueda de la incansable irrealidad
de los hombres mortales...
Dividir en solo dos instantes
como el lejano Moisés abrió el mar Rojo
para encausar atropelladamente el paso
en la nueva condición de vida...

Presente y Futuro como conceptos etéreos
de la frugalidad de la vida...
como huellas en un largo,
certero y seguro camino
de elefantes en agonía...
Vagando en frías esteras
de un tiempo de falsos sueños,
creados por dioses homónimos
de esta falsa agonía....

Removí las esteras donde
descansé el mustio y adolorido cuerpo mortal...
sin motivos ni esperanzas prometidas
en los nuevos proyectos...
las mismas que me ataban
al descanso sin frutos de pasiones inútiles...
las que me arrastraron por caminos
de roces fallidos y alientos helados...

Hoy me miro más activo
en actitud de olímpico dios de otros cielos...
Porque deseché de mis maletas
los errores humanos que me pesaban tanto...
El dolor, la miseria, los falsos conceptos
y preceptos legados de una sociedad
que se derrumba al fracaso
por inmortalizar sus errores...

Hoy me monto en la nave
de los dioses sensatos
que viven sin miedos...
y me visto con la piel de Aníbal,
luchador de los altos Alpes,
en busca de mi verdad...
y transmigro en las mil cordilleras
del mundo infinito con mi voz como lanza
redimiendo de ilusiones los TIEMPOS perdidos..

Cargo en mis hombros
nuevas semillas de ardores inmortales
para que germinen en los cielos
nuevas visiones de cromáticos sueños...
gloriosos llenos de paz...
porque tan solo ese concepto
es el que dejamos marginado
en el rincón del alma.
Y ese es el verdadero timón
que guía la conciencia vital..

Y soy un héroe entre todos los muertos...
Porque abro con mis palabras
nuevos surcos donde siembro las semillas

con nuevos alientos... y renacen emociones
que estaban guardadas en cofres sin tiempos
y surcan como rayos de Apolo en lejanos puertos...

Y así, silenciosamente, pero firme,
cosecho los anhelos de mil ninfas violadas
en el sádico festín de carnavales grotescos
como anunciaba Bajtin en sus insidiosas críticas
y entrego de nuevo el pudor destruido
con mis susurros sensuales en sus suaves oídos...
y se levantan las mil ninfas orgullosas en vuelo
y viajan con mi voz hasta los altos templos...

Y es solo mi voz... en mis palabras sin tiempo...

Mi alma y las estrellas

"Dos lindas bayas modeladas sobre el mismo tallo.
Así es como dos cuerpos visibles,
no teníamos más que un solo corazón."
Sueño de una noche de verano
WILLIAM SHAKESPEARE

Respirando en tu almohada aún cálida por tu piel...
Tocando tímidamente mi cuerpo en las partes de amor...
Soñado tus respiros en mi pecho una noche de calor...
Saboreando en sueños lejanos tus labios de miel...
Así voy por la vida cansadamente como alma en pena;
por tu pronta ida de este mundo de agrios abismos,
donde no hay consuelo en las ramas del destino.

Un alma fría y callada que duerme entre grietas...
donde se liberan ilusiones de dioses sin reglas...
donde se cobijan con recelo amores imposibles...
como el tuyo y el mío... tan triste saberlo...

Remontando quimeras de grandes consuelos...
Cansado de vagar sobre tierras inciertas...
Cansado de gritarle al sonido del silencio...
Cansado de tratar de alcanzar las estrellas...

Voy muriendo lentamente en mi almohada de espumas...
Roncando sueños rotos en el universo de penas...
Cantando galimatías aprendidas en tu silencio...
Untando mi piel arrugada de olores inciertos...

Sueños enigmáticos que columpian pensamientos...
Sueños cálidos, amorosos y tiernos... míos...
Pesadillas de siniestros rencores en el alma de todos...
Alegorías fatuas sin héroes en los templos...

Así voy... soñando proyectos... míos... solo míos.

Evocando fantasmas

Frío en mi piel esta noche de verano... raro...
las estrellas reunidas en bacanal festín... heladas...
sombra oscura de una noche rara y desconocida...
rompe un amanecer huérfano de ideas... mudo...

Vuela triste una paloma con el ala herida... sangre...
y poco a poco se levanta el día... revolviendo dolores...
sol tímido en suelo violado y disfrazado de luz...
ya no creo ni en espacios prometidos... ya no más...

Lenguas mordaces que atan el cuerpo... siempre...
cargadas de venenos como serpientes adustas...
engullendo mil ideas con las fuerzas tempestuosas...
y vuelan heladas en suspiros de cadáveres...

Caen bandadas de aves del escenario descrito...
mil ideas que promulgaron sacerdotes... eunucos...
raza difícil de encontrar en el roto espacio... lo sabes...
y en orfandad de templos vuelan... desaparecen...

Leo en las runas el destino ya impuesto... como todo...
y me doy cuenta de la falsedad del tiempo... no existe...
como tampoco yo he existido en la dualidad del huerto...
donde expulsaron a Adán y a Eva los dioses ancestros.

Caricias con la mirada

"La belleza no mira, solo es mirada."
ALBERT EINSTEIN

Llegas y el recinto se ilumina con tu aura angelical... tú.
Hacía tiempo mi piel no se erizaba de esta manera...
                [y suspiro.
Desde el lejano mar se escucha el murmullo azul de las olas...
                [y vivo.
Y descubro en las paredes de mi cuarto nuevos olores...
                [los traes tú.

Y mil mariposas azules revoletean en mi patio cargado
                [de dolor... yo.
Intentando alcanzar las ideas que se escapan de las mentes de
                [los dioses.
Tú... como alba garza te confundes con ellos en la gris
                [madrugada... yo.
Ambos alocados en el elixir de los funestos sabores de
                [amargos rencores.

Tocas delicadamente mi cabeza fría y sientes el ardor interno
                [de mi ser.
Solo tú me entiendes en esta diatriba de amor y desamor
                [sin consuelo.
Solo tú con tu mágica mirada de diosa de los ancestrales
                [mayas sin reino.
Me envuelves en la ilusión de un nuevo sol en los albores
                [del siglo.

Y te conviertes en la heroína de los mil tiempos
[deambulantes...
Para hallar entre los oasis del desierto la perpetua búsqueda
[del ser...
Y me llevas en tus brazos como nodriza impoluta de
[los sueños...
Y me haces vibrar con tus pechos ardientes y me enloquece
[tu piel...

Y la mirada adusta y esquiva como cervatillo del bosque
[revive...
Transforma el dolor en esperanzas perdidas por el desprecio
[de los otros.
Convierte en mil lunas plateadas mi esperanza nueva en tu
[mundo real.
Y me acaricia en perpetuidad eterna como la ola a la orilla
[de mi isla.

Y a lo lejos nos miran las silentes palmeras coloreadas
[de amor...
En longevos saludos al ardiente creador y reinan sin tregua
[con alto valor.
Y nosotros unidos en un solo cuerpo miramos impacientes...
La llegada de un tiempo para saciar nuestro amor

Nos decimos el alma...

Yo leo tu interior cada vez que me miras...
Y penetro en lo profundo de tu alma mis esquemas.
Ya rotos porque el cielo se ha juntado con la tierra...
Y ha derramado la pasión entre nosotros...

Ha sido el cielo porque solo en él se siente esta magia...
Este desenfreno alocado por tenerte y vivir en ti todo yo...
Y es que en tu mirada tierna y sincera se refleja el motivo...
Y cada instante que tu piel respiro me enloquezco de ardor...

Ha sido una nueva luz cargada de ensueños en mil voces...
Apagadas en el constante fluir de nuestra sangre ardiente...
Callando el amor que transpiran nuestros poros...
Después de tanto tiempo compartir en el espacio sin estrellas.

Y poco a poco con palabras acercamos nuestras almas...
Al principio muy tímidamente pero luego como todos...
Mortales de pasión y embrujo de ideas de los dioses...
Venus sonriente nos señaló el camino... y fuimos diligentes.

Cupido flechó nuestros cuerpos pero nunca les hirió....
Porque en nuestras miradas impacientes a cada instante...
Nos decimos el alma... sin pronunciar la voz...
Y leemos nuestro interior con el tierno resplandor de los ojos.

Nos decimos el alma... entregamos amor...

Gritando lo que siento

Te cito a las tres de la tarde en el cementerio
Lugar de silencio donde podré escuchar tus suspiros
Para acallar con mis besos tu dulce comienzo de diosa
Y muy profundo en tu cuerpo depositar lentamente
Mi pasión de hombre en todos tus sentidos.

Y allí entre todos los cuerpos muy callados
Que servirán como cómplices de este amor alocado
Me quedaré junto a ti como hiedra inequívoca
En el primer sepulcro que servirá de lecho.

Y te entregaré mis ideas y mis dioses internos...
Y la historia será otra cuando la escriban los muertos...
Con arpías en las fosas y gárgolas en las fuentes...
Y así calladamente entraré en tu estrecho cuerpo.

Sin posibilidades de huir te unirás a mi cuerpo...
Y a las tres de la tarde en el viejo cementerio...
Nacerá la ilusión de dioses huyendo...
Tú de un vengativo Zeus... yo de un alocado Apolo.

Y en el viejo cementerio se escucharon mis besos...
Los que posé con dulzura en piel ardiente...
Y fuimos espuma en la tranquilidad del recinto...
Donde como cómplices valientes asintieron los muertos.

No dialogo al espejo...

Yo ya no creo en romper espejos...
Ni tampoco saludo a tus falsos dioses...
Rompo con engaños el crepúsculo
de mi piel marcada en silencio...
Llamo sin voz a tu vago pasado
y el mundo se convierte en volátil destello...
golpeando mil galaxias habitadas por duendes
donde un viejo dios se pasea sin prisa...
y rumio mi soledad con mis gritos silentes...
voraces de sueños y nostalgias y olores impuestos...
Y al abrir los ojos a la dolorosa claridad
de un mundo en tinieblas desnudas...
entonces me desarmo en aventuras de bronce.

Ya yo crecí y soy mayor me dicen...
Y apoyo mi maltrecho cuerpo en tu cuerpo...
Y me disuelvo en tu piel como hacía en mis sueños...
Y penetro tus venas ardientes de amor...
Y así tan diminuto me llevas en ti...
Y vencemos los miedos de distancias y tiempos...
Robándole a los dioses la capacidad de transmutarnos...
Y como alienígenas clonadas compartimos un cuerpo...
Para alcanzar mil altares con mieles de amor.

Cubierta de armiño mi alma

¿Dónde se ha escondido el dorado sol esta mañana?
... que hoy deja tan solo a mi jardín...
... y las nubes grises se apoderan de mi cielo azul...
... dejando solo tinieblas...
¿Acaso se fue mi primavera sin darme cuenta?
¿Acaso ya mis flores habrán de marchitarse?

¿Dónde se ha escondido el dorado sol esta mañana?
... como ninfa en el bosque huyendo de los sátiros...
... si hasta mí llega el olor de los verdes campos aún...
... si hasta mí llega el murmullo de arroyos imparables...
... y aún mi piel se eriza con los céfiros invisibles...
... pero ya el sol no está y el universo me anuncia soledad...

Cayó la nieve en todo mi cuerpo sin darme cuenta...
anunciando nueva estación en cada poro de mi piel...
y yo renegando de los copos los tiño de color...
para ganar un poco de tiempo ante esta nueva ilusión...
... ¿y el sol distraído dónde se fue?...
... malabarista de emociones en el falso cielo...
... y yo dibujo en mis reflejos palpitaciones heladas...
... desenfocadas en la ruta de los tiempos perdidos...

Pienso en tu sonrisa

Las sombras se cobijan tímidas en tu piel de ensueño...
Y su latido lento y tenaz van revolviendo los deseos...
Y te veo pasar como espuma sobre las azules olas del mar..
Y mi pecho arde, encendido, en rabios de corcel sin frenos...
Para llevar hasta ti mi olor hondo y profundo de dulce sabor...
Y se escapa un suspiro trémulo y apasionado al verte pasar.
Ya doblas la esquina de mi casa lejana a la orilla del mar...
Ya te vas y dejas tu perfume en el aire confundido con la sal.
Mueves tus algodonados pasos casi en el aire al caminar...
Y te miro inocente... latiendo mi sangre, ardiendo, sin paz.

Mi corazón traspasado se convierte en una flor...
Tu mirada clavada en mis ojos derrama ardor...
Tu sonrisa de diosa me arrebata el dolor...
Y de nuevo mi alma se extiende en amor...
Bella ninfa escapada del Olimpo me entrego a tu amor...
Para dibujar con sonrisas un mundo mejor...
Donde habite el ensueño, donde reine pasión
Y los dioses compartan en juegos de creación...
Tu sonrisa me envuelve como imán de esplendor.

Pienso en ti mi maravilla de amor...

COTIDIANIDAD EN MI ALMA

"Llovió durante toda la tarde en un solo tono.
En la intensidad uniforme y apacible
se oía caer el agua como
cuando se viaja toda la tarde en un tren.
Pero sin que lo advirtiéramos,
la lluvia estaba penetrando demasiado hondo
en nuestros sentidos."
Monólogo: Isabel viendo llover en Macondo
GABRIEL GARCÍA MÁRQUEZ

Vuelven los rumores de guerra entre los dioses de mi
[pensamiento...
Sucede cada vez que nace una nueva ilusión de amor y
[esperanza...
Y me ahoga la lluvia de mil días que van muriendo en
[mi alma...
Soy solo el tono angustiado de una raza que se extingue...
Por el malsano desamor de los mortales vanidosos que
[me acechan...
Soy una espora que se esparce en un cielo turbio de dolores...
Y me acusan de culpable por sus sinsabores...

¿Y yo a quién culpo si el destino me marcó al azar?
¿Y yo acaso no sufro y siento el mismo dolor?
¿Y yo que cargo como Cuasimodo en mis espaldas
[el sufrimiento?
Yo no culpo a nadie... yo elegí vivir y vivo...

Hoy bajo esta lluvia incesante de rumores
vago como paria perdido,
En la diáspora de los marginados marcados
con colores de angustias...
Hoy me mojo incesante y la humedad de la lluvia
me acaricia sin ánimos...
Y veo caer en ritual desfile sobre mi piel...
las manos que antes allí estuvieron...
Y me arropo con las mías en mi cruel soledad...

En mis poros se penetra el sabor
de mil besos ya idos...
En este día lluvioso de mi eterno peregrinar
sin caminos... como Isabel agónica en Macondo...
Y la lluvia borra mis pasos fangosos
en el triste barro de mi patria...
Y hondamente voy suspirando las mil ilusiones
vividas en mi cuerpo...
Y me toco fallidamente mis partes
ya cansadas del dolor...
Y se escapa una gota de lluvia clara
entre mi piel arrugada...
Y surca lentamente hasta llegar a mi alma
que descansa en el suelo...

LAS BATALLAS DEL DESIERTO

*"Dios no lo sabe, pero yo estoy triste
como los viejos pozos en la tarde;
triste como el portón de la herrería
que hace cien años que no ha abierto nadie."*
Dios no lo sabe
JOSÉ ÁNGEL BUESA

Hoy tengo mi corazón desierto de las ilusiones pasadas...
Estoy sumergido en un hondo pozo de dolor punzante.
Y mi alma desbarata lentamente como personaje mitológico,
los tejidos del manto que cada noche tejía en silencio...

Hoy siembro en mi árido terreno como desierto impotente,
las semillas que nunca nacerán para crear un nuevo huerto...
y sin ápice de dolor voy plantando sabiendo que es vano
[el esfuerzo.
Y me pierdo en el desierto de mi cruel tiempo...

Huéspedes del oscuro silencio mis ideas me abandonan...
y voy como paria errante saboreando la arena del largo
[desierto.
Y respiro muy lento aplacando el calor que me quema
[por dentro.
Cabildeando amaneceres borrachos de bocas infieles...

Huyen de mí las ideas perfectas... ajenas... ciegas... claras.
Por querer apartar del sendero estrecho las emociones
[mortales.

Y se entrelazan en ribetes de amarguras vividas en el tiempo.
Y soy yo, el mismo de siempre, lleno de dolor... eterno...

Y este desierto donde se desata la batalla ya no es mío...
Es de todos los cabalgantes aventureros que ansían felicidad...
Y no la encuentran... las llevan en sus alforjas... a su lado...
Y no la ven, no la sienten, no la viven... así aprendimos.

CANCIÓN DEL MAR AZUL

*"Las acciones que ni mudan ni alteran
la verdad de la historia, no hay para que escribirlas,
se han de redundar en menosprecio del señor de la historia."*
MIGUEL DE CERVANTES SAAVEDRA

Este sueño lánguido que reviste mi alma de penas
me invita a pintar mis recuerdos de adolescente...
Yo fui ola bravía en mar sereno en mi interior de sueños...
llevaba una llama encendida en mi alma de sombras...
y pintaba de colores al mundo insaciable de glorias.

Canté, subí columnas de fuego en las estrellas...
Viajé por lugares invisibles y siniestros... muy cierto.
Recorrí las mil murallas de los gigantes cíclopes de la vida.
y me hallé de nuevo en el mar azul de mi playa...
mi playa fiel y confidente en mis amores ocultos.
Mi playa que canta al oído con su voz de silencio....

Ahogué mucho llanto ante el sonido de sus olas...
Sentí la brisa inquieta muchas noches de amor...
Sentí mi cuerpo desnudo ser tocado con su azul pasión...
Muchas veces, muchas veces, muchas veces...
Pero siempre por las mismas manos de mi mar azul...
y hoy me canta al oído tan dulcemente...
que me excita en mi otoñal interior...
ya es historia ese encuentro...
ya es historia convertida en mi rudo dolor.

DIATRIBA DE LA REALIDAD TORCIDA

*"No hay razón para buscar el sufrimiento,
pero si este llega y trata de meterse en tu vida,
no temas; míralo a la cara y con la frente bien levantada."*

FRIEDRICH NIETZSCHE

Si alguien me dice que avanzo en el tiempo; le digo no:
yo solo pretendo dejar a mi alma desatar los entuertos.
Los provocados por los dioses que invadieron mis plazas.
Ya estaban, ya supuestamente crearon mil cosas... es cierto.
Pero también dejaron el caos enredados en sus manos...
y nos tocó a los mortales resolver los sádicos deseos..
pedían sangre, pedían templos, pedían lo excelso...
Nada destrozado, todo perfecto, y ellos PERFECTOS...

Y el hombre cargado de impurezas en un encorvado cuerpo.
Le tocó vivir de un mundo en sufrimiento... por ellos...
Y del dolor hizo su concepto de vida, su muestra de vivir...
Trato cruel para la imagen y semejanza supuesta creada...
Trato cruel para el lastre de vida para el mortal imperfecto...

Alivio mi alma con dulces pensamientos...
No hay razón para buscar el sufrimiento...
Nietzsche me susurra al oído y lo siento...
yo sigo adelante avanzando sin tiempo... ahí voy.

Limpiando el alma...

"I'm sorry Mama, I never meant
to hurt you, I never meant
to make you cry,
but tonight I'm cleaning out my closet"
Cleaning out my closet
EMIMEM

Hoy haré un exorcismo a mi alma...
Y ahuyentaré de cada rincón mis dolores...
Esos que han secuestrado durante tantos años
mi sensación de vivir...

Hoy quitaré las mil ataduras de hierro
que impiden mi movimiento a avanzar
hasta hacerme vagar sin rumbos...

Y en un loco frenesí de idólatras ideas
me remontaré al espacio a libar aventuras
donde los dioses eternos columpian mi alma
y solo ellos entienden mi voz silenciosa.

Lo siento pero no vengo a complacerte...
Vengo a acariciar con mis palabras
A los dioses que siempre están conmigo...
Solo a ellos por ser fieles... y por ser míos.

En la evacuación de los tiempos me llevan en brazos.
Y consuelan mi aturdido y cansado espíritu...
Y me transportan muy lejos, de donde vinieron...
Y me visten de héroe... solo ellos me entienden.

Y el exorcismo se concreta con mi exaltación...
Y tú no estás allí... solo ellos... mis dioses... y yo.

Ojos en el cielo

Pronto sabré quién soy... muy pronto llegará mi encuentro...
y las borrosas escenas vividas sacaré de mi ser... ya pronto...
toda agonía de mis venas se van secando lentamente...
[pronto...
y desde el cielo veo los ojos que vendrán a mi encuentro...

Son azules y diáfanos de incongruente dulzura de paz.
Me dirigen sin dilatar el dolor; me llevan de prisa... pronto.
Quiero llegar sin las manos polutas ni el ama cansada...
por eso la espera la recibo con gusto: muy pronto...

Como estrellas pululantes en noches sin tormenta,
me susurran al oído los caminos seguros para llegar...
y voy diligente como soldado de Esparta desde joven,
a la guerra querer ganar... muy pronto...

Ya me esperan; qué alegría mi alma se relaja...
y recorro con mis manos arrugadas mi cuerpo maltrecho.
Y en lo alto la luz ya voy distinguiendo...
los ojos en el cielo... ¡son los tuyos madre mía!

Déjà vu

> *"Quien sabe de dolor, todo lo sabe."*
> Dante Alighieri

Me he sentido súbdito de un rey sin poder.
Marcado por una declaración de guerra infiel.
Me he sentido ya antes en una misma ruta fría.
Muriendo poco a poco por amar así...

Dolor marcado con sangre maloliente y cruel;
emanada de un corazón ególatra y despiadado,
que convive consigo mismo en su mundo del yo
y me he quedado callado y mudo de dolor.

Déjà vu en mis interiores capaces de sentir.
Donde no se inhibe el placer al dolor.
Déjà vu de una vida triste, amando en rencor.
Sintiendo en la garganta nudo de dolor.

Todo lo vivido se convierte en penas insípidas.
Sazonadas con historias insensibles.
Matizadas con pinturas incoloras sin valor.
Déjà vu de saber que ha sido cierto... muero.

CANSADO DEL PASO RECIBIDO EN LA ESFERA

"Estoy cansado de estar vivo,
aunque más cansado sería el estar muerto..."
Estoy cansado
LUIS CERNUDA

Cernuda lo llamó cansancio, yo le llamo vacío interior.
Cernuda lo veía como plumas, yo le veo como plomo.
Cernuda lo veía como loro, yo le veo mudo.
Cernuda murió, yo sigo vivo... ¿vivo?

Cuántas veredas erradas recorremos en la esfera;
por ir en pos de ideales marcados por viles seres
que van amargando el sistema que nos manipula
y nos lleva a la desesperación de vivir... ¿vivir?

Candados cerrados en cada puerta que vamos;
a solicitar inocentes apoyo y consuelo
si solo los duendes se ayudan entre ellos...
y el triste destino de mi alma es morir... ¿morir?

Canciones apagadas en las orquestas sin músicos;
que desviven los conciertos de vacíos escenarios
y se empeñan en llevarnos al camino seguro:
el que nos lleva a estar muertos... ¿muertos?

Cernuda se cansó, yo también me canso...
Cernuda vivió y amó en silencio, yo no...
Cernuda murió, yo aún sigo vivo
y me espera Cernuda en algún lugar sin tiempo.

Sendero de la libertad

> "Desde muy corta edad,
> quizá desde los cinco o seis años,
> supe que cuando fuese mayor sería escritor.
> Entre los diecisiete y los veinticuatro años
> traté de abandonar ese propósito,
> pero lo hacía dándome cuenta
> de que con ello traicionaba mi verdadera naturaleza
> y que tarde o temprano habría de ponerme
> a escribir libros."
>
> ¿Por qué escribo?
> GEORGE ORWELL

Garganta desnuda... en los miopes rostros humanos
convertidos en sacerdotes de la espera prometida...
ya vagan sin rumbo entre naves vacías de amargura..
entre carruajes conducidos por cadavéricos jinetes...
sendero amplio y cierto que conduce a la muerte.
Allá viajamos sin dilatados pasos cada día...
allá alcanzamos la libertad soñada...
allá entre muertos en vida como siempre.

Luz lejana de poblado incierto que llama..
que acaricia mil palabras en la nada absoluta del mundo.
Luz renaciente del perpetuo dolor de mi alma...
que conduce impaciente mi carruaje raído...
seguro, como lo único cierto del transitar...
seguro, como un golpe dado a un perro callejero...
seguro. como miradas perdidas de los amores pasados.

Virgen castidad de la dulzura de vivir (si sirve de consuelo)...
señoriales figuras de templos perdidos en la nada...
histriónicas poses aprendidas del ejemplo...
ya han pasado; ya se van diligentes, seguras..
marcan el sendero a la libertad...
donde llegaremos todos... yo: muy pronto.

Proclama al dolor de los ángeles

*"¿Cómo compaginar la aniquiladora idea de la muerte
con ese incontenible afán de vida?"*
Esa batalla
Mario Benedetti

Uriel hace un llamado a los dioses... sordos y ausentes...
Impaciente Jofiel alza la voz ante la nueva asamblea.
El dolor se ha apoderado de los templos... de todos...
La impenetrable oscuridad de otros tiempos no cede...
Ya nada importa a los dioses... nos dejaron solos...

Y la aniquiladora dama de las sombras se yergue...
Fascinante como siempre he soñado su llegada...
Y me abraza... y me cobija entre su manto...
... con olor a soledad... a llanto imparable...

Y me dilato largamente en espumas de dolor...
Y me siento libre en esta empresa de amor...
Ya no hay opción para respirar... alivio...
Ya no hay marcha atrás... invitado a la libertad.

Y el continuo vigilante del sendero me guía...
Hacendoso y fiel a la verdad... la única...
La que habita en mi pensamiento hace tiempo...
La que es prueba de mi fidelidad hacia ella...

Tu sombra ardiente y helada en mis huesos... arde...
Y congela mis ideas de adolescente viril... fraude...
Y miro sin mirar el sendero... sé a dónde voy...
Y sonrío por mi libertad absoluta...

Zapatitos rotos

Esta noche la luna corre descalza por el cielo...
La bruma del mar le ha escondido sus zapatos...
Gimotea ante las estrellas por triste desconsuelo...
No les halla... no les siente en su alma...

Zapatitos rotos que ya no me sirven... no convienen.
Y el dolor se esparce entre las estrellas... sin colores...
Y proclaman entre murmullos siderales... desconsuelo...
No les halla... no les siente en su alma...

Esta noche la luna se pierde... entre nubes de dolor...
Esta noche la sonrisa se ha extraviado... y duele...
Frase dicha en la red... indirecta muy directa...
Y sonríes porque ya lo dicho, dicho está...

Zapatitos rotos que ya no me sirven... no convienen.
Y el rostro se alarga sin engaño... tú sonríes...
Y se evaporan mis lágrimas en mis mustios ojos.
Y sonríes porque ya lo dicho, dicho está...

FETICHISMO

Haciendo un análisis del sentido humano... lloro.
Las rúbricas heredadas por mártires sin cabeza;
Emigran por caminos de bifurcados senderos del mal...
Y me pierdo en la reducción de las ideas y... lloro.

Convirtiendo en enajenados suspiros el fetichismo total.
Pueblo perdido en malezas de preguntas retóricas en la nada...
Y la llamada que se esconde entre silencios del momento...
Revolviendo los pensamientos en nubes de fetichismo total.

Atentado emocional del sentido corrupto de un nuevo
[capítulo...
No el mío... el mío lo llevo acompañado con la mirada viva...
Sino del capítulo que completa la mascarada de la diáspora...
La que emigra ante el dolor... cruel testigo del pueblo...

Y convertidos en fetichistas de maromas lejanas... tontos.
No lo acepto... pero me voy si llega... ¿capricho?
Enfermos... disparates del juicio sin justicia... ¿vodevil?
Y cargan cruces y pancartas hacia un dios que no existe...

Sarduy, Freud, García Márquez, Chomsky, Levis-Strauss...
Tantas ideas traídas y que se escapan sin sentido...
Y de nuevo educados sin escritos emigrados...
Reflejos de estrategas sin poder en el descanso del rey.

Lo peor es que no hay voces claras... solo fetiches de oro.
Contratados con el tope más elevado del sistema...
Firmados con aleaciones de metales enmohecidos...
Sin vigencia en el tiempo...

Caminos agrios

Diacrónico sistema que nos ata con hilos de amargura...
Como espada de Damocles pende el filo eterno en lo alto...
Camino agrio sazonado con sangre de mil vírgenes viudas...
En la fila india que nos lleva al barranco sin final.
Poses eternas de claustrofóbicos eunucos del templo...
Donde los ecos rompen las paredes de granito vulgar...
Construidos con oraciones de los dioses sin voz...
En módulos de periódicos perseguidos con banderas...
Convertidos en conciencias condenadas por soñar...
Fundidos de luces sin arreglos ni mantenimientos...
Utilizados como horquillas en el cabello de las ninfas...
Holgazanas por el tedio de los prados...
Larga vereda para recorrer... sin prisa... se llega...
Y yo como autómata senil vadeo la roca... ya la había visto...
Para no tropezar como la primera vez... en vano...
Me conformo de nuevo en recorrer los caminos agrios...
Triste sistema donde voy esposado y cadenas en los pies...
No voy solo... somos muchos... demasiados...
Parecemos esporas en el aire tormentoso del verano...
Vamos sin horas... sin marcar el tiempo...
Y miramos los espejos sin reflejos de las almas...
¿Dónde está la dignidad de los eunucos?... la cortaron.
Y Damocles ríe en la sombra amplia y seria de un roble...
Con la figura eterna que pronuncia las palabras:
Que los hombres serios miran a los ojos... jueces... serios...
Y caminos agrios que nos toca transitar... *motu propio*.

Relojes sin tiempo

Parodiando las burlas endurecidas por conceptos sin piedad,
Se siente el poder del malletazo dado en la sala austera;
Donde hora tras hora y minuto a minuto los dioses
                                                  [sesionan...
Te veo cabizbaja entre cíclopes togados... casi ciegos.
Y te expreso en el oído mi solidaria mentira... vivir.
Oculto entre mis ropas el sonido de mi voz para existir...
Y creo el precedente de ser infiel a la palabra feroz...
La no dicha por mortal alguno... provocada y combinada...
Sin ningún sentido de satisfacción en mi interior... vivo...
Siempre en cautela por el entendimiento de los otros...
Aferrado a los nudos en la liana ilegal del abismo contrario.
Mercadeando en traqueteos de las leyes de la vida...
Para manejar los delitos que te dicen cometidos... sin valores.
Y veinte guardias exponen sus armas en la cintura...
Mirando fijos el reloj que no marca el tiempo... el mío.
Y me olvido de los relojes de los demás en la sala...
Y más es la fe en la satisfacción de ser inmortal... sí lo soy.
Y por eso me olvido de los relojes sin tiempo...

Tú, me miras de reojo; buscando apoyo en mi mirada...
Y te pierdes; te me escapas; te evaporas; te diluyes
                                                  [en el tiempo...
Vagas como gaviota en un mar sin islas... lejana... sola.
Pero el dolor más inmenso es llevar mil relojes sin tiempo.

Armadura para el dolor

La flor expira en agónico ritual en el recipiente desnudo...
Ya no hay ruinas alrededor de los cielos irónicos y extraños...
Solo un cúmulo de agrias sensaciones de juegos
[sin reglas...
Y nosotros en el centro como impávidos jugadores...
Vamos perdiendo las ansias de continuar en el partido...
Ya no se siente el sabor del triunfo... solo dolores.

Respiramos sin tiempo en acompasado ritmo del dolor...
Y nuestras almas se balancean en el borde del palacio...
Sin fuerzas agarradas con penas... suavemente en ardor...
Y miran sin sentido el juego que se mantiene despacio...
Con una única razón para existir... atados al dolor.
Ya no hay vencedores en el largo capricho del destino.

Solo dos tontos que armados con espumas nos vestimos
[de luz...
Buscando entre los tiempos espacios para nuestro amor...
Y perdimos las fuerzas a mitad del camino... tú sabes
[el porqué...
Y lloramos hasta hacer crecer los ríos... tú los tuyos... yo
[los míos.
Y aunque armados hasta los dientes no supimos luchar...
Dejamos todo al vaivén de los tiempos... perdimos...
[y duele.

Nuestra armadura cambió y se hizo impenetrable... al amor.
Ya no volveremos a caer en sentimientos indolentes...
Esa será nuestra misión encomendada por los nuevos
[Quijotes.
A luchar contra imposibles e inmateriales destinos del dolor.
Ya nos vamos por senderos diferentes... tú en el tuyo...
[yo en el mío.
Y en perpendicular camino descansaremos hasta morir...

El olvido

En la arena dejaste la piel desangrando tu amor...
Y el mar la acariciaba y curaba tus heridas con mucho amor.
En mis sueños dejaste el alma solitaria y vencida...
Y al despertar recordé con tristeza tu adiós.
Ese adiós vacío y vagabundo cargado de penas...
Se me perdía largamente en el azul espacio del dolor.

Tú que me dijiste con la mirada tantas palabras llenas
[de pasión...
Y tu boca acarició toda mi piel tantas veces en secretos
[encuentros...
Tu piel enredaste en la mía como escudo de amor...
Y todo quedó en el olvido llevado por melladas burlas...
Fracasados como diásporas de la nada en mar sin ideas.
Así se fueron fraguando sin dilatarse las memorias...
Y te fuiste y me dejaste en la orilla del acantilado agreste.

Yo fui construyendo los recuerdos rotos sin triunfo alguno...
Y se escapaban en suspiros de violadas vírgenes en el recinto.
Cada eunuco las tomaba con fuerzas y nada lograban...
Se perdían como burbujas de las olas del mar callado...
Y hervían en hogueras heladas sin recuerdos...
Ya se van... ya se han ido... ya no regresan.
Perdidas en dimensiones alienígenas de mil galaxias...
Remontadas en cometas sin brillo por el dolor.

Cuando se nos escapa el alma...

Soñé con un largo y frío dolor de muerte en mi mente...
y no morí...
Ya mi alma azul y avejentada
se había escapado al encuentro con Zeus.
No sentí su sabor agridulce de las esporas
porque estaba en mí...
Y se iba derramando entre mis sueños poco a poco...

Una mirada en el cielo detenido ese viernes impar y yo: vivo...
Desenfreno de pasiones sintetizadas en un yo...
Y el motivo conducente a un Otelo ciego en el aire...
Desembocado en respiros de angustia por un adiós...

Mil voces en la cabeza de Medusa cruel y despiadada...
Los ardientes ojos rojos denuncian odio en el cuarto...
Un odio total que lo invade sin piedad y sin consuelo...
Y mi respiración ebria de traiciones me abatía...

Y así poco a poco sin detenerte me negaste el amor...
Y lo acepté con rabia y miedo por no saber defenderme...
Como un embrujo mi presión me cegó...
Y vi la sangre ardiente dispararse por todo el cuarto.

La herida no penetró tu piel sino mi alma....
Y desde ese instante comprendí mi error...
Se nos escapa el alma, nos abandonó el amor...
Y navegamos por rumbos distintos en un mismo mar.

Se nos escapa el alma... nos abandonó el amor...

Interior destruido por tus voces

Pregunto si a alguien le importa mi dolor... no sé.
Jueces castrados han sido a través de los tiempos.
Implacables arpías que destrozaron mi negra piel.
Con sus desdentadas bocas oxidadas de mentiras...
Fueron cerrando poco a poco los caminos de mis sueños.
Y el hombre gigante que habitaba en mí se escapaba silente...
Rompiendo entre la piel mis mortales dulzuras humanas.
Se escapaba entre los poros que expedían perfumes...
Esencias de dios... ya dolido y alicaído sin sentido.
Y fui generando venenos en mis labios resecos...
Y cargando en mis neuronas mortales ideas de desprecio.
Para vivir en el aire de las miserias humanas como todos...
Para sorber en un segundo la transfiguración de la muerte.
Y ser como todos para que me dieran mi espacio merecido...
Y fui yo... según ellos... vivieron felices... yo no.

Azúcar amarga

La zafra temprana la inicié en la adolescencia...
Entre juegos de niños y caricias de miel.
Sinsabores en mieles de central complicada...
Y de la molienda surgió el ideal esperado...
Un hombre dotado de mil sentimientos humanos.

Cargado de ideas para transformar ilusiones...
Miraba los espejos en mis calles marcadas...
Corría entre esferas de luces apagadas...
Y crecí como el roble entre la grieta de la acera.
Me bebí el embrujo de muertes lejanas...
De dioses cansados y amargados por los tiempos...

En cinco décadas y media cabalgué sin descanso...
Sobre lomos de serpientes floridas y llenas de miedos...
Y en el canto de las aves dejé disipar mi voz ardiente...
Para alcanzar los mil cielos que cobijan mi cuerpo.
Y sorbí azúcar amarga de besos mortales con tu boca.

Tu boca rosada que ardía como hielo en la mía...
Y depositaste azúcar amarga para morir en tu piel...
Ladrona de mis sueños convertiste en placer...
Mis ansias de hombre perdido en la vía...
Del tren que transporta en vagón de la caña...
Para convertir en azúcar amarga un nuevo placer.

Adán no tuvo ombligo

Debe ser cierto este remoto enigma de los tiempos...
Pero Adán no tuvo ombligo... ni yo tampoco... yo solo existo.
Como cardumen en el mar de los imposibles... navegamos...
Remontamos montañas llenas de caminos de cardos...
Libres al paso del viento silente de mortales suspiros...
Pasos cansados de helados fuegos de frías voces...
Libres... marchando adelante en la defensa de imposibles...
Caminos sin sentido... veredas sin adornos... estériles...
Golpeados por ruidos de mudas voces de los dioses del ayer.
Y Adán... peregrino de manías de esas voces en ecos
[de mentiras...
Se perdía entre agonías sin señales de fantasmas acróbatas...
Sin ombligo... solo entre un llamado paraíso sin aromas...
Sin ombligo... como infeliz huérfano de alegrías...
Cargando solo en su equipaje dolor y voces lejanas...
Pedazos de ilusiones perdidas en los caminos de la niebla...
Columpiándose entre lejanos fuegos sonoros celestiales...
Luchando en el duelo de la maldad y el supuesto bien...
Y riendo dolores como autómata en las paredes sin base...
Atrapado por la gravedad de una esfera que le limita...
Sin ombligo... sin origen... sin raíz... sin nada...
Como explosión mezquina de un duelo entre dioses...
Y lo que sí debe ser cierto es: Adán no tuvo ombligo...
Ni yo tampoco... yo solo existo...

Escuchando tu silencio en la oscura noche

Si decides acercarte al fuego de la nueva hoguera... no temas...
Como algo sobrenatural la llama nos envuelve a los dos...
Como el río ardiente que desemboca en un mar de fuego...
Nosotros nos confundiremos... no temas... yo estoy cerca...
Y se escucha tu silencio en la oscura noche de mi isla
[solitaria.
La luna se enrosca entre estrellas mustias y casi apagadas...
No hay luceros que delaten nuestro encuentro... solos
[tú y yo...
Y los colores de un sol lejano ya no existen en nuestras
[mentes..
Convertimos en vagabundo a ese sol delincuente que nos
[descubría.
La luna se convierte en nuestro cómplice y se lo lleva
[de rumba.
Para que la oscuridad nos arrope y nos oculte de los
[espacios...
Nuestra unión en entrega de voraces carnívoros ante nueva
[presa...
Enloquecidos por la pasión de virginales cuerpos...solos
[tú y yo...
Y encerrados en un cofre de miedos somos uno... sin dolor...
Muy callados ante los ruidos lejanos de las estrellas mustias...
Si supieran que tu voz la entierras en mi piel y nos amamos...
Sin abandonar los sentimientos humanos nos volvemos
[dioses...

Y entregamos la fruta prohibida a las almas silentes de
[los milagros.
Y no me abandonas en el orgasmo de mi piel casta... suspiro.
Y callados... solos escuchando tu silencio en la oscura noche.

Me cansé de ser tu poeta

Las gardenias del jardín se van marchitando esta noche
[de despecho
Y mi piel gastada se entristece por tu cuerpo no haber
[poseído...
Entregado inconsciente al mutilado y rudo gesto del olvido...
Porque el alma presta, celosa y vanidosa exige también
[su derecho.

Jamás alcancé descansar amorosamente en otro infiel lecho...
Ni escuché en silencios, rumiaciones eróticas en mi
[casto oído...
Así fui yo bandido virginal por tu amor convertido...
En un azul y bramante mar arrebatando el despecho.

Como corriente de un claro río que desemboca en olvido
Y le resta sin miedos a tu alma incansable el derecho
La ilusión insaciable de vivir sin perder el sentido.

Y, en esta cálida y mortal carrera de alcanzar tu blanco lecho
Donde reina callado el amor virginal y el orgullo vivido
Me cansé de ser tu poeta de este amor insatisfecho...

ODA A LOS COLORES

Hay un juego en tus ojos
de colores sin espacios
vagabundos de emociones
que van de cielo en cielo
sin motivos ni razones.

Y se pierden en la nada
como limitadas sombras
en prótesis delatores
de las brumas del mar azul
convertidos en esferas
de los héroes sin blasones.

Hay colores que se suben
por las vigas de los sueños
y alcanzan sigilosos
los deseos primorosos
de los dioses dormidos
con acceso a nuestros logros.

Colores convertidos en perfumes
que se funden como esencias
de los jardines de los cielos
que conjugan en amores
los pensamientos de los seres
y les marcan con ardor
en sus pieles delatoras
el rubor de las pasiones.

Colores en los cielos
de lejanos gladiadores
que perdieron batallas
cuando cerraron sus ojos
y recibieron las sombras
en sus cuerpos caídos.

Colores en las caras
de los niños del barrio
que con barro y resinas
cubren sus cuerpos
para hacer de sus juegos
verdaderos destellos.

Somos iguales

Se fue el austero tiempo y ya el otoño
me envuelve en sus brazos
y me miro callado en el espejo
de las aguas impolutas de nuestro río,
río de evocaciones fallidas en dócil ministerio
de pasiones hipócritas;
traicionadas en el laberinto
de torbellinos virtuales de las mentes...
que van arrancando el llanto
de mi rostro con suaves caricias del viento.

Las lágrimas ardientes se convierten
en metálicos dolores cristalinos
y van surcando en mi piel arrugada
la mugrosidad del destino...
fallido muchas veces por mi imprudencia
de mortal impertinente
que se estrella contra los muros
de las verdades celestes del tiempo...
pero que recorre sin dilatarse
en maromas de felicidades fatuas.

No me da el tiempo para acariciar
a los muertos dejados en la orilla
porque la batalla fue rápida
 y se los dejo a Antígona que los cargue
solo ella tendría el valor de enfrentarse

a los dictadores que nos guían...
yo me mantendré al margen
de los caminos sin vallas, muy callado...
como siempre... y escucharé, al dormir,
los grillos del campo lejano.

Nuestro río seguirá llevando ilusiones,
pero mustias y flácidas...
y el prado con su olor a fresco heno
sueña con el sonido de besos
depositados por las cuerdas de guitarras
que el ciego músico rasga...
con destreza innata por los tiempos...
sin importar los sufrimientos...
ni si la luz de las estrellas
se depositan con amor en su cabello.

Sentimientos de soledad en el sonido
de las cuerdas gastadas...
tristezas violadas por celos de las aves
que enmudecieron por la melodía,
y depositan rencores en los vacíos
de las ardorosas manos del cantor
para convertir en vicios que embriagan
a la muerte alocada que se siente
por el largo camino sin vallas
que la dirige hasta mí...

Metáforas

Flores arrojadas al cesto de la basura en gesto severo...
calcinados huesos en la hoguera del averno sulfúrico...
posturas de acróbatas mutilados por mil guerras del alma...
así mi alma sufre al saber que te pierdo, que me dejas...
en agónico suspiro de las satíricas ruinas del adiós.

Allí como incolora madeja recogida en brazos cansados
se depositan en nidos sin refuerzos esteras de mendigos
en la calle sin salida de un vulgar y esquivo pueblo
habitado por serpientes parecidas a cristianos sin dios...
comulgando vivencias de las pieles ajenas.

Metáforas sin imágenes a quienes reclamar las penas...
amargas campañas de rituales de cíclopes gigantes
que devoran de un bocado las mil montañas heladas
en el alto cielo azul infinito donde moran los dioses...
aquellos que abandonaron tiempo las razas en el cesto.

Engominados y recios bigotes de hombres ilustres ya idos...
que con sus clásicos gabanes de lana oscura ocupan las salas
de mil oficinas albas e inmaculadas de médicos de la psiquis
corrompidas por las voces que rebullen en las mentes
de los débiles y encaprichados mortales de la verdad.

Cabizbajos van los pensamientos de los muertos en vida
que se empobrecen día a día con promesas de eunucos
incapaces de penetrar en los cuerpos ágiles y ansiosos
y derraman las mieles blancas que en los sueños dan
hiriendo con espacios hechos con sus dientes sucios.

Así van por las calles marcadas... como esporas en el aire
y poblarán otros espacios con histerias rancias y hediondas
carroñeras como hienas en selváticas ruinas humanas
inmoladas con el inconfundible fuego helado de un adiós
parecido al que me diste aquella tarde con tu silencio en la voz.

AUTORRETRATO

> *"Enfrente, en negro marco cuadrado,*
> *un retrato del dueño de la casa,*
> *ejecutado con tan magistral dibujo caligráfico*
> *que parecía que el artista lo hubiese logrado*
> *de un solo trazo –enredado en sí mismo,*
> *cerrado en volutas, desenrollado luego*
> *para enrollarse otra vez sin alzar*
> *una ancha pluma del lienzo."*
>
> Concierto barroco
> ALEJO CARPENTIER

Figura austera, de rígida expresión en la mirada
profunda y misteriosa como sombra desbocada en la noche...
ojos que definen el misterio guardado en mi negra piel
y mis incontables poros ya gastados por los años...
versatilidad en los labios finos carentes de emoción...
vestidura luctuosa llenas de hebras disparadas al azar...
dueño de un marco cincelado con paciencia y dolor.

Negrura en el alma abatida por el dolor de los imposibles...
Muriendo en cada suspiro de los bosques lejanos
donde habitan, aún, los duendes infantiles de los juegos...
caprichos de recuerdos detenidos y aferrados como hiedras
en las paredes silenciosas de los cementerios... allí voy...
a saciar en los silencios mis verdades eternas... las mías...
las que me han brindado las pasiones sinceras
al igual que rameras que inician al adolescente...
impacientes y justas en espera inocente de ardor interior.

Mías como helénicas ideas de los cantores del templo...
adheridas a las voces chillonas de un coro infantil,
pero tan sinceras y emotivas como palabras de un ebrio
en despejo de licor de romántica noche en una barra de
amor...
fulgurantes como ojos de gato en la oscuridad absoluta...
así vacío mi alma gigante sin derrotas manchadas en el lienzo
y me desnudo completo en la voz de mi silencioso interior.

Condenado a muerte...

Intentaste matarme y aún sigo aquí como espíritu ciego...
Detrás de un amor que me ha sido negado...
Por haber violado la confianza entre los dos...
Yo, por no defenderme; tú por espiar mis torpes pasos...

Intentaste matarme y te falló...
Ahora deseo ardientemente que hubieses triunfado...
Porque me derrumbo sin energías en mi piel cansada...
Y ya ni duermo y en mi desvelo no hay dios...

Intentaste matarme y lo lamento mucho por ti...
Porque no me será fácil saborear tus caricias de nuevo...
Sabiendo que en tus labios puedes cargar veneno...
Y no es miedo a la muerte sino a quedar sin moverme...

Y no poder defenderme de tus ruidos hirientes...
Cuando se respira un aire cansado de miseria y dolor...
En un cruel abismo de ilusiones perdidas...
Donde se fraguan los odios travestis de amor.

Intentaste matarme... ¡qué bien te quedó!....
Desde este momento me cambiaste mi nombre...
Ya no soy el mismo... mi rostro es dolor...
Condenado a muerte... sin rastro de amor.

Lo que jamás podré olvidar...

Mirada alargada llena de odio y desprecio humano...
Así te sentí esta noche de palabras... tuyas como navajas.
Y yo en un rincón como perro acorralado golpeado con ellas...
No hay amor, me dijiste, lo mataste poco a poco...

A solo veinte horas de un compartir de emociones...
Tiradas al cruel olvido porque era imperante...
Demostrar como siempre la arrogancia del saber...
Y con pruebas en las manos dadas al verdugo infiel...

¿Qué más podía hacer el cervatillo en un bosque ajeno?...
Subir por las paredes donde se transpiraba el odio
                                          [del cazador...
Odio convertido en palabras cargadas de veneno...
Y el cervatillo silencioso escuchaba los gritos...

Ya no respiraremos el mismo aliento porque fallaste...
Porque no te defiendes como lo haría un inocente...
Y yo escuchaba y me hundía en un abismo de dolor...
Y no fui yo más solo un escombro de tiempos pasados.

Y no mentí... solo te dije mi verdad, la que no crees....
Y comenzó en mi cuerpo un burbujeo de rencor...
Y me dejé caer tímidamente en la cama helada sin pasión...
Y escuché tus ronquidos toda la larga noche de dolor.

Y desperté jurando lo que jamás podré olvidar...

BESOS EN VERSO

Igual que el polvo que viaja en el crudo espacio,
y se deposita en los rincones agrestes de tu alma,
así mis besos convertidos en versos se adherirán a ti
para confundirse inocentes con tu piel inmaculada
y hacer de tu cuerpo el mejor libro de amor.

Mil metáforas convertidas en senderos amorosos
serán tus dulces labios que invitan a amar
y susurran las palabras dichas en lugares solitarios
donde nuestros infieles cuerpos ardientes y deseosos
se jurarán el amor platónico condenado por ellos.

Y nuestros labios unidos por los venenosos besos
causantes de inescrupulosos delirios mortales
se enroscarán como serpientes de mortales venenos
para mágicamente fabricar el antídoto contra ellos
y fundirnos en uno, solos tú y yo... y nuestros besos.

Sueño crítico a los colores del alma silente

Soñé en mil arcoíris de singular armonía
dibujados sin pincel,
colocados en altos cielos hambrientos
de sueños y palabras
donde fácilmente se columpiaban
 ninfas y querubines mágicos
capaces de jugar entre las nubes preñadas
de agrios rencores
que las hacían ir de prisa como en carrera
de eventos turbios
donde solo se permiten
amplias limitaciones del alma...
y allá van en veloz carrera sin pausa
a derramarse en el mar
que contiene las mil ideas
 de mortales capitanes de viejos veleros
que no le temen al encuentro
de fantasmas del abismo
y que son como regiones virginales
en un mundo de estercoleros académicos
de un sistema defraudado en emociones
porque los verdugos del poder
solo destruyen los pasos
que son firmes y promueven la verdad...
atrofian y dilatan los pensamientos libertarios
por temor a ser reemplazados
por los traen la libertad...

En mi sueño no germinaron semillas
que sembré con ilusión...
se convertían en gusanos
que se enterraban más y más
y no verían la luz dorada
del sol majestuoso y ardiente...
y se perdían como todos
en el marasmo de la nada...
compartiendo la ignominia
del reflejo individual
tan cargados de mentiras
contagiados en epidemia de masas.

Allá van... desbocados...
imprudentes en despechos
sin banderas solidarias...
allá van... tristes y solitarios...
fundamentando en cada paso
una pasión superior de dolor...
cansados y vacíos... allá van...
ya casi ni los veo... se esfuman
en la nada del espacio y del tiempo...
¿a quién culpar?
si el entorno me enseñó a claudicar
a mis razones...
si el plan dispuesto se trazó
sin contar conmigo...
sin pensar que mis responsabilidades
las manejo
tan bien como yo quiero
y no como quieran ellos...
si se derrumban, se levantan

y se dirigen hasta el cielo
como pronto, mi deseo...
lo manejaré yo.

CONVERTIDO EN MAR DESIERTO

> *"Mi aliento erró el ojo de la aguja.*
> *Y ahora tengo que contar*
> *y deshojar, bajando, las escaleras hacia casa.*
> *Pero los corredores por los que me arrastro*
> *desembocan en fosos de agua, en los que renacuajos..."*
>
> Insomne
> GÜNTER GRASS

Viejo capitán de un puerto lejano
lleno de miedos...
donde la agónica tristeza revoletea
como gaviota hambrienta,
y se posa entre las olas doloridas
por el constante vaivén...
y van y vienen y retumban
en mar desierto de emociones... yo.

Tránsfuga de mil tiempos heroicos
gastados por el sol...
así me voy sintiendo en este vasto mar desierto
y sin color...
ya se ha ido también en espumas volátiles
de vapor...
y abandonan mi cuerpo
cuarteado y maloliente sin amor...

Allá van... muy lejos... inalcanzables...
vaporizadas... mis penas.
Sin fronteras a su paso...
ciegas en su cabalgar por el mar...
Y son fuentes de presagios
de amargura en los dioses...
Aquellos que se fueron
y han de volver... muy pronto...

Y mi mar desierto se llena de ideas
para poblar de nuevo los suelos.
Con palabras de mi lengua
y de mi raza inmortal como siempre...
Sin callar... sin detener nuestros pasos...
avanzamos...
Y ya no estaremos solos
en la estela que dejamos.

Reflejo de la soledad en el espejo

Tendí poco a poco mi cuerpo desnudo en la tibia cama...
la que se convierte en cómplice de mis encuentros contigo...

Y recorrí con mis manos duras mi cuerpo anhelante...
saboreando con mis manos y ojos la escena comenzada...

Aquí pusiste tus manos cálidas, hace ya tiempo...
aquí se posó tu boca y gemimos como chiquillos...

El placer se apoderaba del cuarto y sudaba...
las gotas corrían por mi piel humeantes de deseo...

Y tomé con mis manos mi último suspiro...
para aplacar la inundación que se avecinaba...

Y el espejo me guiñó su loco presentimiento...
y me entregó su reflejo para calmar mi deseo...

Y ya no eras tú, era yo jugando con mi cuerpo...
y me entregué al sabor que me regalaba el espejo.

Soneto de mi ser

Aquí me ves ya sin aire, afligido
entre las tumbas tristes sin colores
cargadas mis maletas de rencores
por el ingrato brillo del olvido.

Soy aquel por el tiempo disminuido
en las batallas crueles sin honores
padeciendo en mil tiempos de rigores
dolores que me dejan sin sentido.

Así me ves hoy triste y descuidado
voy vencido por la vida agitada
provocadora de un tiempo alocado

en inútil carrera acelerada
dejando un cuerpo frágil y cansado
en la polvareda vil que no es nada.

Elegía cabalgante

Los atardeceres junto a ti son maravillosos...
La mezcla de colores matizados por el rojo sol
Se entremezclan con tus labios y tus mejillas encendidas
Para deleitar el placer de una larga y ardiente noche...
Nuestras pieles se enredan en los últimos rayos del astro
Y nos lleva hasta nuestra cálida habitación...
Nuestros cuerpos suben por los rizos de la luna callada
Y allí evocamos a los dioses del placer...
No necesitamos vestiduras para aplacar nuestra hambre...
Las sábanas caen sigilosas a nuestro entorno...
Y allí en la cálida cama te hago gemir como ninfa
Tocada por Zeus con su rayo poderoso...
Y al unísono nuestros cuerpos viajan por mares,
Por lugares distantes de héroes sin historias,
Por universos despoblados en silencios...
Solos tú y yo cabalgando sin corceles...
Convirtiendo nuestras pieles en semillas de amor...
Los gemidos se acrecientan e invaden nuestro cuarto
En inundación sonora del amor... y callamos...
Se nos erizan los poros y sudamos como amantes...
Nos rozamos distraídos nuevamente y retomamos el camino
De buscar muy profundo en nuestros cuerpos
Esas ansias de sabernos comprendidos en el acto del amor.

Orgasmo

Todo fluye... busco sostener mi mirada a lo lejos
Y no puedo... estás tú en mi espacio y te deseo...
Acaloras con tu pelo ondulado mis sentidos
Y me enredo como red de pescador inexperto...
Y mis manos temblorosas dejan caer los suspiros
Que acompañan clandestinos nuestro encuentro...
Y arde mi piel en tu boca... y me sientes...
Y me enloquece verte juguetear con mi cuerpo...
Suave... muy suave vas endureciendo mi piel...
Ya no hablas... ya no puedes... solo sacias tu sed...
Y me tienes en tu ser... muy profundo... tan profundo...
La suavidad de tus labios me derrite... y me dejo llevar.
Ya no hay miedos... nuestros cuerpos muy unidos...
Solo uno... convertido en eslabón de Eros y soñamos...
Con palacios azulosos en lo alto del Olimpo...
Con jardines de flores perfumadas de colores...
Y soñamos en espacios sin fronteras... para amarnos.
Y la miel se nos derrama en nuestras pieles...
Se confunden con sudor ardoroso y perfumado...
Y su calidez nos deleita en una nueva sensación...
Como ríos de blandas riveras en compás de la pasión...
Donde el torrente compartido como dulce miel
Baja por tu cintura fina y delicada de doncella en flor...
Y mi cuerpo duro como espada de guerrero torpe
No atina a moverse con precisión
Provocada por el contacto inevitable de tu cuerpo...
Ya no hay marcha atrás... recorremos el calor...
Volcando en deleite otro encuentro de pasión.

Ensayo de una vida

Las flores del camino anuncian tu llegada
Y las huellas se han borrado tras tus pasos
Convertidas en anfitrionas perfumadas
Van llenando los espacios de colores
Y ante nuevas sensaciones reformadas
Le devuelven al ambiente emociones
Porque hacen del recinto fiel morada.
Ahora vibran corazones inquietantes
Porque existe nueva vida en mi alma
Estrenando nuevas luchas anheladas
En el marco extremo de mi ocaso
Y se enrosca como tuerca tras el paso
De una vida por el tiempo desolada.
Ya reboza de alegría la mañana
Sale un sol nuevo que la ampara
Da luces nuevas en la escala
De colores y pasiones en mi almohada
Y resiste como hidalgo el flechazo
Que le lanza alegre tu mirada.
Tienes alma pura que transmite dones
Cuando cantas a las flores tus tonadas
Y perfumas con tu paso ya mi alma.

Génesis

La nueva generación se disipa en sus intentos
Como marca de una falsa firma registrada
Y diluyen poco a poco sus alientos
Por la vida cruel que se les escapa...

Son pasiones adheridas como hiedras en la nada
Dibujadas como bocetos sin escalas
Vagabundas de una sociedad sin morada
Que se entrega a la burla mancillada...

¿Qué le espera a la nueva raza proyectada?
Solo espigas infértiles en el viento
Porque una raza adelantada
Les dejó un vacío y cruel intento en la nada.

¿Qué le espera a la nueva vida diseñada?
Solo espumas que se disuelven en la ola
Desmembrando con cautela nuevas razas
Que se yerguen con valentía en el tiempo.

¿Quién se atreve a comenzar de nuevo?
Solo hombres que no entreguen con caprichos
Sus pensamientos e ideas a nuevos dioses...
Esos han sido los causantes de la discordia
Entre las razas...

Esos mismos que predican pero se huyen
En la mentira de la práctica...
Esos mismos que te excluyen
De sus clubes sociales de sus razas...

Cruel mentira de los dioses de la nada
Crean seres para dejarlos sin morada
Y se vanaglorian cada día con sus lujos
Ostentosos de una vida eterna y vana.

Indiferente

Cae el rayo de sol sobre mi piel y no me hiere
A pesar del tiempo transcurrido me aferro a vivir
Ardiendo de pasiones incalculables en mi ser
Voy dibujando nuevas rutas en mi alma...
Y no me detengo a beber en el arroyo
Por más sed que tenga en mi garganta...
Me diluyo como sombra entre el resquicio
Para llegar sin pena hasta el palacio...
Allí donde se encuentra el anciano tiempo
Indiferente a mis reclamos...
Claudicante emporio de relojes
Que van marcando minutos sin descanso...
Y yo observando sus labores
Me distraigo un poco con sus pasos...
Indiferente a los reclamos
Que van dejando huellas tras mis pasos...
Unas veces miro los espejos que engalanan el palacio
Y me fijo en las recias marcas que en mi rostro van marcando
Y camino indiferente pues es de humanos
Dibujar en nuestros rostros el dolor dejado
Dolor de perder a mi madre, a mi amigo, a mi hermano...
Un dolor que no se borra
Aunque halle en la ruta un buen cirujano...
Y por eso indiferente voy vagando
Porque he sufrido y voy marchando
Muy pausado y tan candado esta ruta
Que el destino de los tiempos me ha señalado

No me quejo de mis heridas
Soy humano y solo vivo y río y lloro y sueño
Porque comparto mis angustias como humano.

Atados

"Prefiero que me odien por lo que soy,
a que me amen por lo que no soy."
ANDRÉ GIDE

Ilusoria falsedad de las máscaras sociales
Que nos atan a la miseria de los sueños internos...
Apagados nuestros sueños de mortales
Para caer bien en los corrales de los demás...
Risas fatuas sin sentido... amarradas...
Cautelosas del destino... obligadas...
A actuar como ellos quieren... clandestinos...
Ocupados en sus rezos se mantienen...
Para mirar de reojo tus acciones... ¡cobardes!
Y murmuran entre ellos sin disimulo
Para que de vergüenza tus modales tú acalles.
Insensatos y crueles por caprichos
Pues el miedo propio les invade
Ya quisieran ellos ser iguales...
Ilusoria falsedad de los mortales
Que reviven penas ancestrales
Pero olvidan a un David con su Jonatán
Ante la muerte del segundo David revela
Que el amor entre ellos fue tan hondo
Que pregunta retórica él se hace:
—¿Por qué no me enseñaste,
cómo se vive sin ti?
Y en la escritura han tratado de ocultarte
Y mencionan que es una amistad incuestionable.

¡Ay cuántos tontos impensables!
Que no ahondan en investigar
Más allá de lo pensable....
Atados a lo mismo por tiempos inmemorables.

Nombres viajeros

Hoy me llamaré Pedro porque quiero ser tu roca;
para que sientas mi fuerza azul en tus suaves pies;
y amparo en tu morada anhelante del lejano templo,
que cada día se construye con las sutiles ideas.
Pedro como roca indestructible a los vaivenes
de la falsa idolatría ancestral de las mentes
sin sentido humano que bordean tu utópico mundo.
Pedro como fuente de poder y ansiado delirio
de destruir lo que te acorrala en la fatua esfera
y te mantiene en cautiverio salvaje de mente humana...
llena de hipocresías vanas de dioses vengativos
y caprichosos que implantaron inmisericorde
en tu cabeza atiborrada de mentiras infantiles...
Pedro con nueva imagen gallarda de guerrero
que cabalga en una estrella transparente
y sonoro anunciando con su voz
como clarines de verdades cada mañana...
Pedro transformado en luz...
Ayer era Orlando, valiente y luchador...
Mañana me buscaré un nuevo nombre...
Para llenarte de amor...

SABEL...

A Iris Chacón, con amor.

Vivirás en mi tristeza como tantas veces hago...
Aunque yo no lo desee en mi huérfano tiempo.
Pasarás al amplio mundo del llanto sin lágrimas...
Caminando solitaria por el camino del dolor.
Mirarás tan vagamente en el espacio lleno de penas...
Ocultando tu cabeza entre tus manos de sueños.
Todo aquello que era tuyo se escapa de los mundos...
Y se vuelve igual de inerte en el recodo del sufrir.
Y aunque ya no pueda verte...
Gritaré con mis poros a las blancas estrellas...
Correré sin pies mil caminos sin rumbo...
Y haré del vasto universo:
Un solo mundo para tenerte.

Sabel, nombre frágil como diosa de sueños...
Sabes que siempre vivirás en mis sueños...
Personaje que diste vida y me llenaste de amor...
Por eso Iris, mi hermosa flor,
Te agradezco tu dulzura como capullo en flor...
Y te recuerdo con ilusión como siempre se recuerda
A ese primer gran amor...

Risa amarga

Cada vez que te miro y revivo un encuentro
Yo siento en mi alma un suspiro sin tiempo.
Mis manos tiemblan cuando tu suave piel yo siento
Y una risa amarga invade mi cuerpo...

La conciencia inocente intranquila me trastoca
Y mi corazón herido en carrera loca
Se abisma en el túnel interminable del desierto
Como risa amarga en mi mortal cuerpo...

Toda ilusión como incienso se esfuma en el viento
En una tarde rojiza en un cuarto desierto
Tu mirada larga y fría contrasta
Con la risa amarga de mi estéril huerto...

Una luz opaca en la sombra del tiempo
Se evapora helada en la azul esfera
De una voz ronca y mustia en murmullos
Y una risa amarga se precipita al destiempo...

Una lucha cimera se encamina al encuentro
Se corona sin premios en cabeza decapitada
Y una huérfana palabra no dicha
Rumia una risa amarga que se mece en el viento...

Una tumba reciente... la mía... la que anhelo...
Transpira sigilosa olor a muerto...
Y unos ojos de sangre... los míos...
Van pregonando una risa amarga que te dejará sin aliento.

Arlequín I

Ojos fríos, ya helados, por el dolor de tu partida
Me fijaron la imagen sin bordes ni sentido
Me enloquecieron afanosamente la triste vida
Me dejaron como siempre con el corazón partido.

Una lágrima le brota a la imagen alba del santuario
Una lágrima ardiente que sequé con mis manos...
El corazón me latía como caballo desbocado
Y la roja sangre bullía como volcán lejano...

Las palabras no salían como al mudo payaso
Y las manos temblaban como loco espectro.
Los movimientos eran l - e - n - t - o - s
Como lento era el tiempo...

Solo minutos estuve contigo y parecieron eternos.
Aunque la amargura me invadía...
Solo sé que tú me amas todavía...
Y por eso nació la ilusión de volver a otro encuentro.

Llegarán

Llegarán a nuestro cuarto mil virtuales mariposas
Y laboriosas comenzarán un proceso...
Largo y tedioso en la ruda y ambivalente vida.

Llegarán llenas y olorosas a dorado sol
Envueltas en gazas de frágil seda
Y serán la envidia de todos.

Llegarán y se posarán por doquier como dueñas...
Libarán el néctar prohibido, regarán el polen
Y pintarán de luz azul el monótono día.

Llegarán sonrientes y traerán la alegría
O tal vez son sonrisas de melancolía,
O quizás es caricia de locura viva.

Parecerán todas iguales por su gastado color,
Tal vez por su forma distraída
Y quién sabe porque hablan de amor.

Se equivocan todas ellas:
Mariposas de pasión;
El recuerdo de la primera
Ya no es una ilusión.
Es la vida de entrega
Que brindó con calor
Y aunque no le entendimos

Cuando se entregó apagó hasta el sol...
La llevamos dentro-dentro
Y se opacó su color
Pero lo que dejó entre nosotros
Fue su mejor canción.

Pedido

Que no sea ahora en momento de lucha, ni contigo...
Porque se pierde la magia...
Yo quiero ser tu destino por siempre en tu marcha.

Que no sea ahora en tiempo de guerra, date el momento...
En que juntos podamos definir nuestras rutas...
En que juntos podamos demostrar el sentimiento...
Y sepamos que juntos la vida sí se disfruta,

Que no sea ahora, pues me muero por dentro...
Porque el saber lo que te inspiro
Se convierte en delirio...
Y me apaga la llama, me roba el aliento.

Que no sea ahora porque el dolor es eterno...
Porque me seca la vida, me llena de miedos.
Que no sea ahora porque no quiero que sufras
Por adelantarnos al tiempo...

¡Quiero!

Hoy sentí como espada ardiente tu mirada penetrante
Y me hería dulcemente la piel añejada y triste
Provocando en mi ser torrentes cascadas de un río revuelto
Deseos de amar, de decir muy sincero: ¡Quiero!

Luego el saludo indiferente y tu mano ardiente
Tocaba mi piel donde bullía mi sangre hirviente
Producto de tu mirada segura y labios tiernos
Que me decían también: ¡Quiero!

Vino el beso que anhelaba impaciente como Zeus desbocado
Y la entrega de ambos cuerpos en la cristalina fuente
Trastocaron todo el Olimpo en rugido sonoro
En gemidos suaves nos dijimos: ¡Quiero!

A MÍ ME CORRESPONDE

Yo busqué entre arriesgados montes mil amores
Solución tangible a mi dura y colorida pena
Sin saber que en ti hallaría las seguras huellas
Para llegar al camino que mi fe en Zeus consuela.

Recorrí veredas de fervientes y enmohecidas cadenas
Y bebí de las fuentes que liberan tristezas
Pero nunca hallé lo que hoy a mi alma llega
Un amor sincero que comparte mis penas.

A mí me corresponde desplegar las velas...
De este barco enorme de verdad sincera,
Que navega sobre aguas de confianza plena.

Con el poco tiempo que en mi alma llevas
Has sabido timonear entre bancos de arenas
Como sabiduría de lobo de mar y experiencias plenas.
Para dar a mi vida alegría sincera.

A mí me corresponde sacudir las penas...
Para ser hombre fuerte y entregarme todo
Para darte alegrías y mi alma llena.

A mí me corresponde porque en esta fecha
Que guardamos celosos como fiel centinela
De ese encuentro hermoso de la vez primera
En que fuimos uno después de una década.

A VECES CALLO MI AMOR HACIA TI

Anoche, leyendo un pensamiento, como siempre hago,
Me di cuenta de muchas cosas que siempre callo...
Comprendí que eras tú mi aliento en la vida...
Mi luz, mi guía y tantas cosas, Madre mía...

Si tú supieras cuánto te amo...
Que te necesito tanto a mi lado...
Que eres para mí el único ser sagrado...
Porque a ti sí te tuve, a dios no he tocado...

Si supieras que tú animas cada día triste de este mundo
Y eres como el blanco timón en mis noches de desvelos.
Me envuelves en tu olor a vida y me das paz...
Eres el ángel de luz eterna, Madre mía...

Muchas veces reniego de dios por celos...
Porque me robó el tesoro más valioso...
Tu sonrisa, Madre, tu sonrisa que es mi consuelo...
Tus caricias tibias en mis noches sin sueño, Madre mía...

Lo que tú no sabes

Comienzo:
 ¿Qué sientes al mirar una flor?
—Yo siento amor, ilusión.
¿Qué ves en el llanto de un niño?
—Yo veo paz, veo perdón.
¿Qué sientes al decirme mentiras?
—Yo siento ansiedad, liberación.

No hables:
 Al decirme falsamente lo siento
Y buscando en el azul y lejano tiempo
Alegrías y falsos anhelos como humano
Solo hallo en mi viejo cofre del destino
Demasiados y tristes momentos sin motivos.

Casi termino:
 No habrá mañanas, las borraré de mi camino
No habrá largas noches oscuras, ni días cansados...
Solo mil humanas madrugadas eróticas en el bosque
Compartiendo mi cuerpo...

Final:
 ¿Qué sientes ahora?
—Me ahogo en lamentos.
¿Qué me contestas?
—Perdón, lo siento.

Mentiras

Hoy volví a los lugares donde juramos amor...
los mismos olores en el aire, los mismos sabores a ti.
recreé en mi mente tu bella voz felina...
los mismos sentimientos nacieron en mí.
Me juré callar todo mi dolor
de andar de la mano como
un soñador con flores que te di
como prueba de amor...
hablamos un rato recordando...
recordando el ayer,
pero no el ayer de llantos,
sino el ayer de amor,
aquel que nos dimos tanto...
Jugamos con flores,
con hierbas
y qué sé yo...
Mientras me hablabas,
te escribía un poema,
allí juraba mi amor...
Mentiras, mentiras,
la realidad me despertó...
Me encontraba solo.
Solo como un tonto,
Solo como un loco,
Solo como el hombre más solo...
Y la mentira era grande:
decir que no te amaba
era como fallarle a Zeus.

La rosa... y la paz

Carcajadas de angustias como sonidos de guerras...
Carcajadas de dolor como llanto de soldado herido...
Carcajadas de llanto como pueblo defraudado...
Carcajadas de penas como héroe expatriado...
Muriendo por verte en nuevo sol sin luz,
sorbiendo dolores en mis labios por tu adiós.
No eres culpable de lo que nos pasó...
Fue el cruel y despiadado Cronos con su voz
disonante y equivocada que nos separó...
y pagamos como esclavos del tiempo
una distante y ridícula separación.

Carcajadas de paz brotarán de nuestras almas.
Carcajadas de dulces rosa pintadas de miel.
Carcajadas de triunfos vendrán a alegrar
nuestro rincón preferido en el trono de Zeus.
No llantos, no riñas, ni miradas ajenas
perturbarán nuestra paz.
Reiremos colores, vestiremos olores de amor.
Pasearemos unidos como dioses menores...
Nos daremos un beso...
y nacerán rosas, rosas, rosas, rosas...

Retando

Reto al mundo al mundo a luchar como quiera,
porque ya mi corazón esa lucha estéril espera.
Reto al cielo, a los dioses, a todas las estrellas,
a que se atrevan de hacer de la noche la más fiel doncella.

Reto a mis amigos a exponer sus dilemas,
porque aquí yo en mi silencio escribiré un poema
que les brinde consuelo y sea amparo en sus problemas.

Reto a mi amante a que me dé una caricia,
Y yo solo a cambio le daré una sonrisa.
Reto a mis hermanos que caminen sin prisa,
Porque a ese nuevo paso sentirán la brisa.

Reto a la música a comparar con mis poemas
porque aquí yo muy contento abrazados con las musas
les diré que lo intenten ya que en cada uno muestro:
"Una fuerza grande que detiene cada tema,
ese tema puro, único y sin cadenas,
es el amor de mi amante que sí mi vida llena."

ALGÚN DÍA

Miramos al lugar marcado, el que está lleno de piedras,
Corrimos por sendas bifurcadas llenas de dolores.
De eso aprendí solo una cosa:
Amar... sí, a amar como jamás había hecho.
Embrujaste mi alma y ya no sé vivir sin ti...
Es caminar sin rumbos, sin sentir la vida...
Sin saborear mis nuevos amores...
Algún día debo olvidarte...
Porque ya no aguanto más.
Te recordaré como un grato momento...
Tal vez el más triste que cobijo en mi huerto del alma.
Algún día mi alma respirará en su silencio...
como metáfora de colores en un cielo azul...
de nubes tan blancas como pureza de amor...

Friend's Song

I'm waiting every day in my deepest soul
Only the word that you would say...
Not in hurry, just on your time...
But it's awesome!
I know that my wait is not in vain...
I know that that you love me...
Here, every day
I will be in waiting
Only for your smile
Only by my faith that comfort my soul...
I know that in the end
I will win the world
When you will say:
"Te amo"

¿Por qué tú?

Otro imposible, otro más... Zeus caprichoso...
Soñar un momento, y después soledad.
Esa es mi carta de siempre, esa es mi ley,
Mi verdad...

¿Por qué tú? Le pregunto a Afrodita...
¿Por qué tú? Si yo he muerto...

No quisiera acercarme hasta ti
Pero tu aliento fresco siento...
No quisiera besarte
Pero necesito tus besos...

¿Por qué tú, y ahora?
¿Por qué tú? ¡No es el momento!

¿No ves que no vivo?
¿No ves que no siento?
¿No ves que no respiro?
¿No ves que yo he muerto?

Preguntas

Salir triunfantes en la vida como Aquiles luchador
Es el anhelo de todos...
Si miramos alrededor
Veremos tan poco, casi nada, espejismo de vidas...
¿Dónde obtener felicidad?
¡Hay tanta desilusión!

Buscando alegría un día
Atrapé una mariposa con mis manos,
Quité sus alitas cuidadosamente
Y las clavé en mi espalda, resultado:
¡No volé! ¡No era feliz!

Otro día escuché a lo lejos un ruiseñor...
Que cantaba distraído como humano sin sentido
Corrí y presto tomé su canto, resultado:
¡No canté! ¡No era feliz!

El destino de esta raza de mortales lunáticos
Es hallar la felicidad en cada cosa que hace...
Pero en un mundo gobernado de engaños
¿Dónde hallar felicidad?

Callado

Bajtin me susurró al oído su crítico pensamiento
Y yo astuto y diligente convertí en fiel argumento
Lo que te voy a contar para que puedas saber
Cómo es mi hondo pensar...

Cada vez que estamos solos
Prefiero callar y callar.
Callar por no desbordarme y decir...
—No decir que te amo.
Sino decir que estoy feliz
Tal vez por egoísmo
O el miedo a perderte
Porque repetir lo mismo
Te podría aburrir...

Prefiero hacerte el amor
Y así callados los dos
Conectar nos cuerpos
En contacto con Cupido
Callados los dos...
Comunicando en caricias...
¡Hay tanta caricia nueva que brota en tu flor!
¡Hay tanto placer en nuestro silencio!

Es por eso que disfruto
Estar calado y sentir,
Sentir tu mano ardiente
Sentir tu cuerpo vibrar,
Y sentirme callado dentro de ti.

Sin fe

El dolor húmedo y silente que hoy me embarga
Es como un barco a la deriva en mar bravío
Víctima de la más cruel tempestad.
Cuando más feliz junto a ti me hallaba
Me abandonas sin piedad
Esta vez no fue mi culpa
Sino por la maldad de los dioses infieles
Que te juzgan sin bondad.
Un símbolo para todos
Porque lucho sin parar
Porque soy un ejemplo
A los que quieren mandar.
Yo les enseño que a mi modo
Se consigue felicidad...
Y ellos con sus murallas de plomo
La lección han de olvidar...

Mucho he llorado hoy
—Y me falta por llorar.
Porque tu voz musical y amada
Me ordena claudicar.
Claudicar al amor sagrado
Entre los verdes montes
Por un gesto de maldad.

Yo lucharé como siempre
Para a ti poder demostrar
Que no hay barrera en la vida
Que Orlando no pueda bordear
Para alcanzar lo que quiere
Y así poder alcanzar
Las mejores emociones
Junto a ti, consuelo de mi vida...

Sentir como me siento hoy
No es fácil de entender
Por esas personas sin ansias
Que todo quieren detener.
Amarte de mil maneras
Y luchar para vencer
Esa es mi meta por siempre
Aunque tú no tengas fe.

Frida

> *"La pintura ha llenado mi vida.*
> *He perdido tres hijos y otras serie de cosas*
> *que hubiesen podido llenar mi horrible vida.*
> *La pintura lo ha sustituido todo. Creo que*
> *no hay nada mejor que el trabajo."*
>
> Frida Kahlo

Desde mi casita azul me dispongo a evocarte
mujer de extraño semblante que motivas con tu risa.
Con tu inminente y diminuto bigote transformas
                                               [tu misterio...
Sexual, bisexual, asexual, eres toda...
A través de portales estelares navegaré hasta ti...
porque siempre te consideré mujer viva
que con valentía infinita dejaste tu huella en la vida.
Reconociendo que el mejor juicio no es el que se gana
sino el que se evita...

Grande eres en la pintura que nadie ha de igualar
en colores llevaste ideas surrealistas como las nombró
                                                    [Breton
y también dijo que no pintabas sueños sino tu vida...
aunque nadie ha podido encajonarte en un estilo
porque eres tan natural y especialista de proyectar
                                                    [tu verdad.

Frida Kahlo, mujer y verdad
que padeciste mil amarguras a través de tu transitar...
desde el polio en tu niñez, hasta el accidente en la juventud
aquel 17 de septiembre de 1925...
en que un tubo del autobús se penetró entre tu cuerpo
—atravesando hasta tu vagina—
y dijiste estoicamente que así habías perdido la virginidad.

Mujer de sufrimientos, de estilo y sentimientos...
Muchos te han cantado alabando tus talentos
Y este humilde boricua te lleva en el pensamiento
Para evocar los momentos en que diste color a la vida.
Y siempre serás tú: Frida, mujer sin remordimientos.

Dando un poco de mí

Voy a presentar al personaje principal
de esta humilde morada... de dulces colores.
Hogar de los inmortales que habitan en mí...
Son varios como cada minuto transcurrido...
Actúan al unísono sin tomar protagonismo...
Son varios para hacerme sentir que existo...
Nunca me dejan solo, son mis otros yo...
A veces alegres como gorriones en el campo
Extendiendo sus alas y remontando los montes
Con tanta alegría contagiosa que parece ilusión.
Otras veces nostálgicos como cometas solitarios
Recorriendo universos negados al hombre
Y dejando una pálida y helada luz a su paso
Para dar vida en otros mundos capaces de crearse...
Y muchas tantas soñadoras de una muerte heredada
La que anhelo sutil y apasionadamente
Como niño con juguete nuevo en navidades...
Así somos los seres que me habitan...
Lo más importante: son seres de luz...
Viajaron por universos sin dioses
Y depositaron su esencia en mí...
Me hicieron pensante y crítico de la vida...
Nada tiene valor si no se lo damos...
Estamos abocados a vivir en mentiras creadas
Y ya es tiempo que te estremezca como sismo
Desde la raíz hasta el tope para que puedas vivir...
Hasta ahora solo existes sin razón

Actuando como marioneta social
Y esa no es nuestra misión para ser felices...
Ya me di... ya me entregué... ya demostré
De lo que estoy hecho... soy luz y esencia de vida.
Di un poco de mí... soy feliz.

Adefesio caminando al cementerio

Neruda hace tiempo plantó en mi piel sus palabras sinceras
Y en mi alma adolorida, con delirio convertí en estrellas...
Sus suspiros rasgaron las paredes de mi mal construido espacio
Y vomité las esporas que se iban desprendiendo
Miré con tristeza y hondo dolor las manos de mi niña
Ya vacías por la espera de la perfumada señora de la oscura noche
Que convierte en hielo mis estrellas de colores
Dando frío a mis huesos en el profundo sepulcro...
Ya mis ojos n ven los colores que pintan los sueños
Y las voces de mis niños se enmohecen con dolor
Plasmando en las blancas nubes de la esfera dolor sin tregua...

Eso convirtieron tus acciones humanas en mi ser
Mi pensamiento se comprimía en cada gesto tuyo
Humanidad sin alma...
Me hiciste creer que nada valía...solo tu lengua
Y me dejé dominar sin luchar en sacrificios estériles
Me derrumbé mil veces sobre sucios lechos
Buscando consuelo en carias sin dueños
Y obtuve el placer y el dolor al mismo tiempo
Y tú reías desde el amargo puerto...
Y yo moría como triste adefesio caminando al cementerio.

SINCRONIZACIÓN DE ESPEJOS

Sincronizo mi espejo y dilato palabras que me urgen
A decir que yo soy vencedor de la batalla sin armas
Y me llevan a la reflexión más profunda en el hecho
Digo vencedor porque luché sin brazos y dominé el tiempo
Los dioses me dibujaron en la frente un obelisco de luz
Y con él me presenté a los mortales del campo de guerra
Al verme desecharon las armas en el ardiente volcán del área
Y temieron y bajaron sus cabezas y rumiaron su muerte...
Luego caminé sobre sus cuerpos postrados en el suelo
Y como cojines de carne fui destruyendo sus huesos...
A paso lento, uno por uno, acabé con todos los guerreros
Y me vi de nuevo en el río sin aguas
A secar mis pies convertidos en sangre de los muertos
Y eran todo rojo desierto...

Sincronizo mi espejo y esparzo aromas de colores nuevos
Ya no es encuentro en batallas... ahora soy dios...
Dibujando entre las nubes artificios ancestrales
Que van marcando el tiempo como hacía Cronos en
[el monte
Y las ninfas diluyen mi imagen para hacerme invisible
Y me cuelo en la alcoba de Afrodita y le hago el amor
Ella llama en suspiros a Zeus creyéndome su dios...
Yo termino mi labor y borro mis huellas en el monte
Me disuelvo en la imagen del disco que brilla alto
En las mañanas sin sueños... adúlteras de estrellas...
Así cabalgo en corcel con alas por el universo violado

Y me entrego a los dioses sin amparo
Para saciar sus dolores de huesos añejados
Compartidos con pasiones, con licores, con rencores...
Han vivido por tantos tiempos y seguimos esperando...
Sincronizo mi espejo y me baño con deseos
En ricas mieles de inmortales pensamientos...

Moradas de dioses ciegos

"Pensad, pues, en estos hombres detenidos de repente,
que ya no pueden actuar, pero que todavía piensan.
Pensad en estos hombres aprisionados en un eterno hoy,
sin la liberación de la conciencia. ¿Qué deben de pensar estos hombres?
¡Qué dolor debe de roer sus entrañas y desgarrar sus nervios!"
El espejo que huye
Giovanni Papini

Campos verdes, rojas flores, azules cielos, blancos sueños...
Una estrella sin brillo en el mar se desdibuja alocada...
Venta de ideas enfrascadas en maletas sin seguros...
Viajeros sin rumbos en el paso entre estrellas sin brillo...
Alterados márgenes en espacios de burbujas calladas...
Y fuentes de ilusiones desorientadas en el beso mortal...
Afluentes de ríos cargados de emociones y dolores sin piel...
Orillas marcadas con sangre inocente en el verdor de
[las aguas...
Noticias que perecen en movilizaciones estériles sin
[patrones...
Cabizbajos caminan los mortales ciegos como dioses caídos...
Moradas de dioses ciegos nuestro espacio en la isla sin
[fronteras.

No hay apoyo a las verdades humanas, solo irrespeto
[a las voces...
Muchos hablan, pocos oyen, solo escuchan sus razones...
Asesinos de moradas sagradas en los cuerpos de los
[inocentes...

Asesinos por captar la opinión de los demás aunque
[no haya sustancia.
Así viven en cavernas ancestrales llenas de tela arañas
[en sus mentes.
Creen que viven, solo existen en dolores compartidos...
Triste pueblo de falsos colores en su bandera cambiada...
Agua turbia son sus voces que lo humedecen todo
[con sus lenguas.

Caminos sin orillas

Veo pasar los ataúdes abiertos en mis sueños truncados
Revistiendo sin vestiduras virginales a las lamas en penas
De mil pueblos que se baten en el estiércol del engaño
De sus gobernantes sin pudor y lascivos de mentiras.

Veo pasar el curso apacible de los tiempos sin relojes
En las torres de las altas iglesias del viejo pueblo
Y en las ausencias de los bostezos en las bocas desdentadas
De los transeúntes que se arrastran por las calles.

Días lentos como glaciares enigmáticos
Sobre tardes presurosas de placeres modelando sinsabores
En los senos flácidos de una virgen adorada por infames
Que se toca el sexo con disimulo en el banco de la plaza.

Saboreo el tiempo marginado de los rituales mortales
Saboreo con disgusto la caricia del viento promiscuo
Que roza mi piel y me sumerjo en olores de amores castos
Publicando en silencios mis sueños descalzos.

Abriendo puertas

Frío ardiente que brota desde las paredes del cuarto
Amanecer oscuro de un sol helado y recién nacido
Llaga incurable de una herida hecha con la voz
Y esparce aromas a muerte con el cantío del gallo.
El insensible leñador despierta de su modorra de antaño
Y rubrica su hacha con la lima gastada
Y el sonido metálico despierta a su amada
Que entre sueños pasea su mirada helada sobre la cama
Y mira su choza carente de todo y olvidada en la nada
Su hombre le mira y la desnuda con sus suspiros
Pero así mismo se va hacia su faena de buscar un madero
Para construir una puerta que brinde confianza
A su choza lejana perdida en la nada...

¿Y todo este tiempo, qué hacía en su espacio?
Rodaban ideas de mentes malsanas en cartas cansadas
Fraguando ilusiones que despejaban sin ansias
Donde la brisa incolora dibuja distancias
Y la aldea cercana se pierde por vana
Humean los puertos de barcos piratas
Que roban caricias a las doncellas descalzas
Y vomitan vinos agrios en calles vacías
Convirtiendo en ríos las aceras gastadas...

Y allá va... lejos... con su vieja hacha...
A cortar un árbol y construir con ganas
Una puerta de roble o de madera sana
Para decirles a los tontos que allí aún quedaban
Que abriría puertas para dejar volar su alma...

SALIDAS ANACRÓNICAS DE VERDE COLOR

"Verde que te quiero verde.
Verde viento. Verdes ramas.
El barco sobre la mar
y el caballo en la montaña."
Romance noctámbulo
FEDERICO GARCÍA LORCA

El rencor de los recuerdos cava incansablemente,
las losas adoloridas y sangrantes de mi corazón desnudo...
Muerden sin dientes y golpean el taciturno sentir del alma...
como regimientos de alianzas sin sendero...
La libertad rota en la luz del día como antiguo consuelo,
se derrumba entre tinieblas de acero en los cielos...
Sangre roja y sudor verde como las olas de un mar lejano,
van cubriendo el paso de mis tiempos gastados sin aliento...
El verde crepúsculo de un día moribundo y sin fe... se opaca...
como péndulo sobre cabeza del mártir sin defensas...
equilibrando la continuación de de regazos sin amparo...
cayendo asesinado en el mismo silencio de los miedos...
Verde espera que se resguarda entre espadas como espigas...
en un verde campo de miserias humanas sin rescates...
Verde espuma que se crece en las crestas de las olas
para pintar de emociones todo un mundo falseado
por las acciones de los mortales que le abundan...
Verde como herida abierta en la desmoralización
de los hechos perturbadores del estiércol vegetal...

Verde como salidas anacrónicas en la humillación de instrucciones demarcadas en la confrontación... Verde de espíritu anclado en el tiempo... sin motivo.

En la esfera sin bordes

> "Uno no escoge el país donde nace;
> pero ama el país donde ha nacido.
> Uno no escoge el tiempo para venir al mundo;
> pero debe dejar huella de su tiempo."
>
> Uno no escoge
> GIOCONDA BELLI

Primicia en el derecho social de vivir... te toca.
Abrogaciones de juristas sin títulos... hay muchos.
Academias sin carreras ni llamados mesiánicos...
No lo hay, no te toca, no responden a la comunión.
Equidistantes deberes de las miserias sin sistemas...
Instrumentos de rentables valores sin dueños...
No se han extraído de coloridas botellas
recogidas de la mar... sin copias... sin motivos.
Ni tampoco se extrajeron de centinelas dormidos
que dejaron sin cuidados los castillos de la muerte...
Ya estaban aquí como rudimentarios artefactos
guardados en bodegas de recuerdos incompetentes.
Esferas sin bordes de interinatos vacíos
dejados por los amigos del alma... ya idos...
Esferas sin bordes pero con decretos de muerte
marcados para aquellos que nos violaron
las ansias de vivir como dioses... pudimos.
Esferas sin bordes truncadas con violencia
en los interiores coloridos de voces mudas.
Esfera sin bordes de verdades amargas
sin precios en las etiquetas... nunca me vendí.

Heridas sin sanar

"Con tristeza de alma,
se doblegan los cuerpos
sin velos, santamente
vestidos de deseo."

Mis amores
Delmira Agustini

En el cielo azul sin límites cruzan puñales de silencio...
En el silencio más crudo de nuestros corazones desnudos...
Donde dejamos ilusiones vestidas de luna...
Transitan por los relojes callados de relaciones dormidas...
Cruzan sobre espacios golpeados en ocasiones sin dueños...
como lívidos puñales de rumores vencidos por la burla...
Tejiendo entre malsanos deberes los colores guardados...
En delicados edificios de lanada... tan inciertos... fatuos.
Traducidos con reñidas guías de transmisiones sin valor...
Muerden y pelean como caminos bifurcados sin pasión...
convertidos en silencios de mil glorias sin empeño...
Servidos en bandejas de ardientes pieles inocentes...
acostados en sábanas de excelsos olores pacientes...
en entregas sin compromisos... muchas veces...
Desnudo como crítica social en las redes...
sin análisis de tiempos, sin apodos ni nombres...
solo sintiendo en la piel otras pieles ardientes...
Son hoy las heridas que debemos sanar...

NOCHE DE INVENTOS EN MI ALMA

Esta noche sin luna han vuelto, recorriendo mil
                               [senderos oscuros...
a refugiarse en mi lecho ardoroso y cargado de emociones...
A revivir las pasiones inconclusas por leyes impuestas
                               [por los otros.

¡Han llegado! ¡Me reviven! ¡Me reinventan! ¡Me acarician!
Me envolveré en la noche como pañuelo de deseos...
Me enroscaré en las pieles como serpiente de anhelos...

Mil pasiones doradas como esferas de estrellas nos cobijan...
Mil pasiones doradas y ardientes en mi noche sin luna...
Mil razones para provocar mi interior y manar en la fuente...

Con caricias de amor y dolor complaciente... deseos...
Con rabia en las manos, los cuerpos y el alma... pasión...
Vaciando en mieles de blanca espuma el profundo interior...

Bebiendo pasiones en los poros abiertos... todos abiertos...
Saboreando y palpando con la húmeda lengua todo interior...
Cabalgando muy suave tu cuerpo desnudo... sintiendo
                               [el amor...

Frío suelo sin abrigo en los pies

> *"He venido a estar triste, me aflijo.*
> *Ya no estás aquí, ya no,*
> *En la región donde de algún modo se existe,*
> *Nos dejaste sin provisión en la tierra,*
> *Por esto, a mí mismo me desgarro."*
>
> Estoy triste
> NETZAHUALCÓYOTL

Era fría, la fría soledad de mi suelo convertido en espumas...
Invadida por inmensos dolores de ráfagas de gélidos
[silencios...
Disparados como heridas en pieles cansadas sin sabores...
Lacerados como derrotas en defensas sin responsabilidad
[de vida.

Afligido como junco seco y perdido en un lago crucial
[sin aguas...
Ocupado en preocupaciones sin códigos de impactos en
[en el alma...
Ocupado en pensamiento de suelos helados y pies descalzos
[en la tierra.
Absurdo movimiento de existencia inútil en tierra
[sin descubrir.

Sed y hambre entre duelos de evocaciones de mi existencia…
  [vacía.
Sed y hambre de escenas de crímenes sin protagonistas
  [de la vida.
Sed y hambre de momentos excluidos sin razones
  [de aflicción…
Duelo de almas en ruinas carentes de ternuras… erradas.

Me desgarro en la perdición sin premuras de vivir en vano…
Me desgarro en pasiones sin sentir en la piel mortal y
  [sin milagro…
Me desangro en penas de mortales guerreros en olímpicas
  [batallas…
Perdido como barco en mar pacífico de verdes horizontes.

Rey de coronas prestadas

Cuando vayas sin prisa por el verde prado de la extinción,
no te sientas triste ni en soledad
por el camino de versos dichos...
te acompañaran palabras azules
para iluminar tus días...
como versos de Orlando convertido en tu guía...
y te acordarás de mis sueños
saciados en la hamaca
donde de niños jugamos arrumacos de infancia...
Yo estaré en tus labios, tu mente, tu vida...
para calmar los dolores que combaten en tus días...
y seré en la esencia tus pasiones dormidas...
pidiendo prestadas coronas a los dioses...
Convirtiéndome el rey de coronas prestadas...
y saciaré tus ardores en la adolescencia florida.
Como ánfora plena de amores y penas...

No trajeron nada

Dolidamente articulo mis emociones en estas palabras...
En defensa de ideas jamás renunciadas... dije jamás.
Utilizando adverbios detestados en mis elocuencias;
pero necesarios ahora en defensa de lo que siento.

No trajeron nada con el rústico viento de la mañana...
No trajeron conciencias para calamar las manadas...
No trajeron fuentes que saciaran la sed de mil almas...
Nos dejaron confusos, incluso, perdidos sin nada.

Claudicaron a los delirios de convencer al guardia...
Llamaron sin sonidos a los testigos sin almas...
Liquidando las evidencias para defender sus jornadas.
Candorosamente percibo un murmullo en la nada...
perdido como viento escapado del torbellino de la vida...
Sin fuerzas vencido sin inocencia en la prueba.

Promulgando deseos de vivir

Hay muchas maneras de llegar a conclusiones deseadas...
para caer bien a los defensores de la nada...
a los que por fe consuelan sus almas en penas...
y juzgan mi camino recorrido en la esfera...
a veces arrastrado, otras vencido, pero nunca perdido.
Viviendo la vida como más he querido...
sintiendo y amando sin ser comprendido.

Juzgado por tantos en insensibles juicios...
Por callar lo llevado en mi cuerpo adherido...
Por amar en silencio amores ya idos...
y sentir por las noches sus ardiente gemidos...

Cansado tantas veces de esperar a los dioses...
aquellos enterrados en inútiles abismos...
Que vinieron y nos dieron el aliento de vida...
y que marcaron nuestros genes con vivos motivos.

Hoy hago coro a las estrellas sin brillo...
lejanas y vivas en delgados destinos...
Hoy promulgo deseos de vivir...
con un solo sentido...

Entregarme a la vida en canción de silencio...
en palabras que brotan con vital sentimiento...
Crucificadas con espinas en mi alma de ensueño...
Emergentes como piezas de seguro castillo.

Índice

Dedicatoria	7
Mi segundo libro	9
Encuentro con ella	13
Escuchando Mil violines	15
Maunabo: sonrisa de Dios	17
Misterio azul de mis sueños	18
Nada es lo que parece	19
Cabalgata de los impensables	21
Andamio de acalorados pensamientos	23
Canción silente	25
Una semilla sin germinar en mi huerto	28
Atado a una piel gimiente	30
I failed	32
Ahogado en tu mirada	34
Dog day afternoon	36
Playland	38
Mensaje directo	40
Perfumes del nuevo día	41
Puertas cerradas	42
Rumiando melancolías	44
Gárgolas en el templo	46

MI MIRADA EN TU MIRAR	48
VIVIENDO EN EL OTRO	50
PUEDO EXPLICÁRTELO TODO...	51
DE NUEVO PIENSO EN TI	53
INTERROGANTES	55
UN JUEGO EN EL ESPACIO DE LOS TIEMPOS	57
MUJER: VALQUIRIA ETERNA DE MI PATRIA	58
¿TIEMPO?	60
MI ALMA Y LAS ESTRELLAS	63
EVOCANDO FANTASMAS	65
CARICIAS CON LA MIRADA	66
NOS DECIMOS EL ALMA	68
NO DIALOGO AL ESPEJO	70
CUBIERTA DE ARMIÑO MI ALMA	71
PIENSO EN TU SONRISA	72
COTIDIANIDAD EN MI ALMA	73
LAS BATALLAS DEL DESIERTO	75
CANCIÓN DEL MAR AZUL	77
DIATRIBA DE LA REALIDAD TORCIDA	78
LIMPIANDO EL ALMA	79
OJOS EN EL CIELO	81
DÉJÀ VU	82
CANSADO DEL PASO RECIBIDO EN LA ESFERA	83
SENDERO DE LA LIBERTAD	84
PROCLAMA AL DOLOR DE LOS ÁNGELES	86
ZAPATITOS ROTOS	88

Fetichismo	89
Caminos agrios	91
Relojes sin tiempo	92
Armadura para el dolor	93
El olvido	95
Cuando se nos escapa el alma…	96
Interior destruido por tus voces	97
Azúcar amarga	98
Adán no tuvo ombligo	99
Escuchando tu silencio en la oscura noche	100
Me cansé de ser tu poeta	102
Oda a los colores	103
Somos iguales	105
Metáforas	107
Autorretrato	109
Condenado a muerte…	111
Lo que jamás podré olvidar…	112
Besos en verso	113
Sueño crítico a los colores del alma silente	114
Convertido en mar desierto	117
Reflejo de la soledad en el espejo	119
Soneto de mi ser	120
Elegía cabalgante	121
Orgasmo	122
Ensayo de una vida	123
Génesis	124

Indiferente	126
Atados	128
Nombres viajeros	130
Sabel	131
Risa amarga	132
Arlequín I	134
Llegarán	135
Pedido	137
¡Quiero!	138
A mí me corresponde	139
A veces callo mi amor hacia ti	140
Lo que tú no sabes	141
Mentiras	142
La rosa... y la paz	143
Retando	144
Algún día	145
Friend's song	146
¿Por qué tú?	147
Preguntas	148
Callado	149
Sin fe	150
Frida	152
Dando un poco de mí	154
Adefesio caminando al cementerio	156
Sincronización de espejos	157
Moradas de dioses ciegos	159

Caminos sin orillas 161
Abriendo puertas... 162
Salidas anacrónicas de verde color................................. 163
En la esfera sin bordes.. 165
Heridas sin sanar... 166
Noche de inventos en mi alma... 167
Frío suelo sin abrigo en los pies...................................... 168
Rey de coronas prestadas 170
No trajeron nada... 171
Promulgando deseos de vivir 172

www.ingramcontent.com/pod-product-compliance
Lightning Source LLC
Chambersburg PA
CBHW051343040426
42453CB00007B/383